Irmgard Fuchs
Wir zerschneiden die Schwerkraft

Irmgard Fuchs

WIR ZERSCHNEIDEN DIE SCHWERKRAFT

Erzählungen

kremayr scheriau

www.kremayr-scheriau.at

ISBN 978-3-218-00990-4

MIX
Papier aus verantwortungsvollen Quellen
FSC® C012536
www.fsc.org

Die Arbeit an diesen Erzählungen wurde gefördert durch die Stadt Wien.

Schutzumschlaggestaltung: Emanuel Mauthe, Extraplan
Lektorat: Tanja Raich
Satz und typografische Gestaltung: Emanuel Mauthe, Extraplan
Druck und Bindung: Druckerei Theiss GmbH, St. Stefan i. Lavanttal

Gedruckt mit freundlicher Unterstützung
durch die Kulturabteilung der Stadt Wien und das Land Salzburg

WIEN KULTUR

LAND SALZBURG
Kultur

Inhalt

Nachts beim Schwimmen über den See der Augenblick
Der dich in Frage stellt Es gibt keinen anderen mehr
Endlich die Wahrheit Dass du nur ein Zitat bist
Aus einem Buch das du nicht geschrieben hast
Dagegen kannst du lange anschreiben auf dein
Ausbleichendes Farbband Der Text schlägt durch

Heiner Müller

Und hundertmal herzliche Grüße

Und hundertmal herzliche Grüße

Ich stelle mich kurz vor: Mein Name ist Klem. Ich habe zwei Arme und zwei Beine, dazwischen einen Rumpf. Das ist hier so üblich. Meine Finger sind außergewöhnlich lang, weswegen mir nach der Schule nahegelegt wurde, Räuber oder Räuberin zu werden. Da aber mein Gesicht dem eines berühmten Fernsehstars sehr ähnlich sieht, wäre es zu einfach gewesen, mich zu identifizieren. Als ich ganz jung war, glaubte ich, die Welt stünde mir weit offen. Ich dachte, dass ich alles werden könnte. Servicepersonal zum Beispiel. Oder Schmied. Auch Bürofachkraft. Erst bei der Arbeitsvermittlung hat man mir die Augen dafür geöffnet, dass ich zu sehr nach Austauschbarkeit aussehe und keine besonderen Merkmale aufweise.

Man sagte mir, dass meine einzige bemerkenswerte Fähigkeit eine geradezu beispiellose Langsamkeit ist, die man schwerlich als Schlüsselqualifikation ausgeben kann.

Kurz darauf habe ich auf eine Annonce für das Zusammenschrauben von Kugelschreibern reagiert. Seither stehen ungefähr achthundert Kisten mit Kugelschreiberteilen in meiner Wohnung. Sie türmen sich überall und nehmen viel Platz weg. Da sie aber nur sehr, sehr langsam weniger werden, habe ich mich mit ihnen angefreundet. In den einen Kisten sind die – ich nenne sie – Unterkörper. In anderen die Rümpfe und in einer dritten Sorte von Kisten das Fleisch – also der Stift selbst. Oft stelle ich mir vor, dass ich all diese kleinen Kugelschreiber

durch mein Zusammendrehen des Unter- und Oberkörpers und den Einbau des Innenlebens aus ihrem Plastikkoma erwecke. Sie tanzen und hüpfen dann mit einem Bein auf meinem Couchtisch oder liegen bei mir und wir genießen gemeinsam das Nachmittagsprogramm, das ich früher mit Puss angeschaut habe.
Wegen Puss schreibe ich auch diese Nachricht. Aber bevor ich näher auf die Bitte, die ich habe, eingehe, möchte ich, um Missverständnisse auszuschließen, einiges des bisher Geschriebenen erklären.

Kisten sind Aufbewahrungsgegenstände, meist aus Karton, den man in Fabriken aus Bäumen macht. Fabriken sind vielleicht bekannt, da sie sehr viel Fläche einnehmen, weil ganz viele Dinge in ihnen entstehen. Fernseher, Bücher oder Couchtische beispielsweise, und auch Kugelschreiber werden in ihnen hergestellt. Einen Kugelschreiber kann man sicher nicht von oben erkennen, denn er ist ein zirka zwölf Zentimeter langes Röhrending, aus dem dünne blaue Striche fließen, mit denen man Zeichen und Spuren hinterlassen kann. Normale Modelle werden mit Hilfe eines Roboters in den eben erwähnten Fabriken zusammengeschraubt. Nur Sondermodelle sind Handarbeit, meine Arbeit also. Man kann Kugelschreiber verwenden, um Einkaufslisten zu machen oder man hat sogar das Glück, jemanden zu kennen, an den man damit Briefe schreiben kann. Meine Briefe gingen, bis zu diesem hier, immer an Puss, aber da ich nur mich als Absender und nicht die richtige Adresse kenne, kommen die Briefe immer wieder ungeöffnet zu mir zurück. Mit einem Kugelschreiber kann man sich auch kratzen. Ich kratze mich zum Beispiel gern damit hinter dem Ohr und stelle mir vor, ich sei Tumtum, meine Katze. Doch mehr dazu später.

Ich sagte ja schon, Briefe schreiben ist Glück. Glück ist, wenn alles für einen kurzen oder längeren Moment gut und richtig ist. Auch dieser Brief ist für mich gut und richtig, ich tanze mit meinen Fingerspitzen über die geschriebenen Zeilen, das Papier ist durch das feste Aufdrücken des Stiftes ein Landschaftsrelief geworden. Die Wörter sind Täler und Flüsse, die durch das Weiß mäandern. Die Leerstellen dazwischen sind die Berge, die ich besonders liebe. Ich stelle mir immer vor, auf diese Berge zu klettern und von oben auf die blauen Ströme der Worte hinunterzuschauen. Ich schreibe sehr oft Wörter auf, die mir gefallen. Hoffnung oder Wunder zum Beispiel. Oder Telefonkabel. Ein Telefonkabel hätte ich gerne, weil daran eine Apparatur hängt, die sich Telefon nennt. Mit einem Telefon könnte man Kontakt aufnehmen. Auch in die Ferne.

Weil ich jedoch kein Telefon habe und auch sonst niemanden, seit Puss weg ist, spreche ich manchmal mit mir selbst und um mich zu vergewissern, dass noch alles da ist, erzähle ich mir die Umgebungen. Dann flüstere ich mir gut zu und sage, siehst du, da drüben, hinter dem Baum dort im Park, da könnte ein Eichhörnchen sein oder ein Spatz. Ist da nichts, siehst du wenigstens eine Ameise oder einen anderen Käfer. Ist da aber auch tagelang nicht einmal ein Käfer, was mittlerweile immer häufiger vorkommt, dann gehe ich in den Tiergarten, wo es eine Blattschneideameisenkolonie gibt, mit der ich gut bekannt bin.

Die Ameisen klettern durch lange, durchsichtige Röhren, die Kugelschreibern nicht unähnlich, jedoch viel länger und in den Wänden und im Boden verankert sind. Stundenlang kann ich dastehen und die Ameisen dabei begleiten, wie sie riesige Blattstücke in den Bauch ihres Baus tragen, wo ein Pilz wohnt, den sie mit einem Blätterbrei füttern. Die Ameisen ähneln sich zwar alle grundsätzlich, doch haben sie ganz unterschiedliche körperliche Ausprägungen und Lebensinhalte. Ihre Physiognomie bestimmt von Anfang an, wer sie sind. Sie werden so oder so geboren, entweder mit einem großen Mund, dann müssen sie schneiden oder mit langen Beinen, dann müssen sie tragen. Oder sie sind klein und runzelig, dann leben sie für das Füttern des Pilzes.
Jede Ameise kommt aus ihrem klitzekleinen Ei heraus und sofort wissen alle Bescheid. Da, das ist eine Außenmitarbeiterin. Das ist ein Nahversorger. Das ist eine Packameise und so weiter.
Bei mir war das ganz anders. Ich bin durchschnittlich auf die Welt gekommen, gewachsen, habe erste Laute von mir gegeben und seither warte ich darauf, zu erfahren, was aus mir werden soll.

Vielleicht sieht man auch von oben genauer, was ich bin. Was ich von mir weiß, ist, dass ich es mag, wenn einzelne Schuhe auf der Straße stehen. Es ist für mich unerklärlich, warum es solche Schuhe gibt. Auf meinen Spaziergängen durch die Innenstadt suche ich immer die Stöckelschuhfüße ab, ob irgendwo nur ein Schuh am Fuß steckt. Ich habe aber, außer als damals Puss, um mir einen Gefallen zu tun, nur einen Schuh anzog, noch nie Einschuhige gesehen. Das gruselt mich schön,

darüber nachzudenken, was aus den zweiten Schuhen geworden ist.
Außerdem mag ich die geschwungene Form von Fragezeichen, weil ich das Gefühl habe, ich kann mich zur Not immer in den Bogen des Zeichens kauern und mich in Sicherheit wissen. Ich schätze auch Eisblumen sehr, die sich im Winter an den Fensterscheiben bilden, aber aus irgendeinem Grund immer seltener werden. Und ich liebe frische Marillen. Das sind gelbe Früchte, die einen Pelz tragen und nach Tauwiese schmecken.

Hier muss ich wohl wieder etwas präziser werden, weil man von oben eine Wiese sicher sehen kann, Tau aber nicht, und auf den kommt es an. Tau, das sind unzählige, kleinste Tröpfchen auf Grashalmen, die alles in ein Glitzern tauchen. Schaut man auf diese Wiese, in der Früh, wenn die Sonne noch nicht scheint, dann kommt eine Kühle durch die Augen in den Körper, die mir meinen Herzschlag, der immer zu schnell ist, etwas abbremsen kann. Ein Herz schlägt für gewöhnlich um die sechzig Mal in der Minute, meines arbeitet jedoch die meiste Zeit schneller als es allgemein für normal oder gesund befunden wird, nämlich hundertmal. Früher war mein Herz ruhiger, aber jetzt schlägt es übereifrig und nur noch für eines: für Puss. Puss liebe ich. Doch die Liebe ist einseitig geworden, seit dem Umzug, der unumgänglich war, weil es hier nicht mehr für alle eine Zukunft geben kann. Weit entfernt, an einem ganz anderen Ende, muss Puss jetzt sein. Aber welches Ende es ist und wo, das weiß ich nicht. Vielleicht ist das schwer nachvollziehbar, von ganz oben kann man womöglich, wie im Atlas mit dem Finger, in Sekunden von einem Ende ans

andere springen. Aber wenn man hier unten ist, auf dem Boden, dann sind zwischen den Enden weite Distanzen, dann stehen lauter zu hohe Häuser dazwischen. Es gibt außerdem unüberwindliche Gebirge und Gewässer, die mich von der Ferne trennen. Und Brücken und Tunnel sind, wenn überhaupt vorhanden, dünn gesät. Da müsste ich noch weiter laufen, damit ich ein solches Hindernis überwinden kann. Ich weiß ja nicht, wie es oben ist, aber hier unten kann niemand fliegen. Zumindest nicht ohne technische Hilfsmittel. Mit einem Flugzeug beispielsweise. Flugzeuge kennt man wahrscheinlich sogar da oben, weil sie in die Luft steigen und oberhalb der Wolken unterwegs sind.
Auch mit einem Auto oder einem Zug würde man schneller vorankommen. Aber ich kann auf diese Möglichkeiten nicht bauen, weil eine Reise damit sehr teuer ist und das Kugelschreiber-Zusammenschrauben nicht sehr viel Geld einbringt. Und ohne viel Geld geht hier unten gar nichts.

Einmal habe ich, um zu Puss zu gelangen, versucht, mit irgendjemandem mitzufahren, also ein Auto zu stoppen. Ein großes schwarzes Fahrzeug, das von einer älteren Dame gelenkt wurde, ist stehengeblieben. Am Beifahrersitz saß ein winziger Hund. Sowohl die Dame als auch der Hund drehten sich erwartungsvoll zu mir um, während ich auf dem Rücksitz überlegte, wo ich hinfahren sollte. Da ich aber kein Ziel nennen konnte und bloß dumm vor mich her stotterte, wurde die Dame unruhig und brachte mich, offensichtlich aufgrund einer Verwechslung, zum nächstgelegenen Fernsehstudio, wo sie mich aufforderte, wieder auszusteigen.

Seither weiß ich, dass mir womöglich nichts anderes übrig bleiben wird, als zu Fuß zu Puss zu gehen. Darum habe ich auch damit begonnen, Tumtum, meine Katze, zu trainieren. Ich habe mit ihr tägliches Krafttraining gemacht. Ich dachte, wenn ich ein Lastentier hätte, das mein Gepäck trägt, könnte ich vielleicht schneller und weiter gehen. Tumtum ist aber faul. Immer wenn sie auf meinem Schoß saß und schnurrte, kitzelte ich sie mit einem Kugelschreiber hinter dem Ohr, um sie zum Krafttraining zu motivieren, sie wollte aber partout keine Gewichte heben. Für Tumtum ganz unüblich, begann das Tier zu kratzen und zu fauchen und ich musste also das Klebeband vom Fell ziehen und die Milchpackung, die ich ihr auf den Rücken kleben wollte, um Beine und Rückgrat zu stärken, wieder in den Kühlschrank zurückstellen.
Mittlerweile denke ich, dass ich ja auch mit leichtem Gepäck reisen könnte. Eine Unterhose, eine Zahnbürste und Pflaster – gegen die Blasen, die man vom Gehen an den Füßen bekommen kann. Ich übe jetzt nur mit diesen Dingen auszukommen, aber es ist schwierig.

In letzter Zeit habe ich mir manchmal überlegt, doch Räuber oder Räuberin zu werden und einfach einen Strumpf oder eine Maske über den Kopf zu ziehen, damit mich niemand erkennen kann. Das machen andere auch so, ich habe das im Fernsehen schon oft gesehen. Leider habe ich in engen Räumen starke Atemnot und darum ist es für mich sehr unangenehm, fast unmöglich, mir etwas über den Kopf zu stülpen. Aber auch das übe ich. Am Balkon setze ich mir einen Strumpf auf den Kopf und halte eine Unterhose, eine Zahnbürste und ein Pflaster in der Hand, um mich an das Gewicht zu gewöhnen. Ich schaffe jetzt schon achtundzwanzig Sekunden. Wenn ich Räuber oder Räuberin wäre, könnte ich außer viel Geld auch gleich ein Auto, einen Zug oder ein Flugzeug stehlen, um zu Puss zu gelangen. Dafür müsste ich aber vorher einen Führerschein machen, was auch wieder viel Geld kostet.

Jetzt merke ich aber gerade, dass ich bisher nur von mir erzählt habe, wo ich doch eigentlich in dem Brief anbieten wollte, von den ganz kleinen Dingen zu berichten, die man von da oben, von ganz oben, sicher nicht sehen kann. So Dinge wie die Form des Abdrucks, den eine Wäscheklammer in der getrockneten Kleidung hinterlässt. Oder dass Frühstückscerealien zusammenhängende Klumpen sind, die erst in der Milch zerfallen. Oder dass an einem Schraubverschluss immer ein Frischesiegel ist, das auf der Flasche bleibt. Ich wollte auch von den Brotkrümeln im Bett schreiben, die nachts auf der Haut kitzeln. Und vor allem davon, was die Menschen auf die Straße werfen und liegen lassen. Verpackungen, Taschentücher. Kondome. Manchmal Bonbons oder ein Eis, das aus einer Hand gefallen ist. Oder Brotscheiben. Ich finde diese Dinge, die auf der Straße liegen, so wunderbar, weil sie alle aus einer Geschichte kommen, aus einem Leben. Irgendjemand muss das doch dorthin gegeben haben, auch wenn ich jetzt niemanden mehr darin erkennen kann. Wenn die Sonne besonders hell scheint, lege ich manchmal vor meinem Wohnhaus unauffällig einen Kugelschreiber auf den Asphalt. Auch der erzählt dann eine Geschichte, während er im Licht glänzt. Erzählt von mir. Ein mittelblauer Kugelschreiber mit schräger Schraubung. Die werden gerne aufgehoben. Ich sehe das aus meinem Fenster und freue mich dann. Auch Puss hat

so einen Kugelschreiber einmal aufgehoben und hat dann zu meinem Fenster hochgesehen und mir zugewunken. Seit Puss nicht mehr da ist, lege ich die blauen Stifte am allerliebsten zwischen vom Baum gefallene Magnolienblüten, die die Bordsteinkanten rosarot kleiden.
Aber ich wollte auch die kleine Schraube in meiner Türklinke beschreiben, die mich immer, wenn ich die Klinke berühre, daran erinnert, dass alles einen Zusammenhalt braucht. Oder wie sich ein gefaltetes Blatt Papier durch den Knick komplett verändert. Oder die Kugelspitze des Schreibers, deren Bewegung man nicht mit freiem Auge sehen kann, die aber trotzdem stattfindet, denn anders würden es keine Wörter auf das Papier schaffen. Und dann wollte ich unbedingt Sätze dafür finden, wie es ist, ein einzelnes Katzenhaar auf der Jacke zu finden, das aussieht, als wäre es auf der Flucht.

Ich wollte aber auch von den vielen Gesprächen erzählen, die man da ganz oben sicher nicht hören kann. Von den Streitereien und Grausamkeiten. Von den bösen Worten gegen Menschen, die gerade nicht da sind. Oder von den Vorurteilen, die wahrscheinlich irgendwo ins Trinkwasser geleitet werden – wie sonst könnten alle von den gleichen Frechheiten ausgehen. Oder von den Sätzen nachts auf der Straße, die man nicht hören will. Ich wollte aber auch die schönen Stimmen beschreiben, Beteuerungen, die Trost sind. Von freundlichen Sätzen wie „Nimm du es, ich brauche es nicht so dringend“ oder „Ich mag die Art, wie du lächelst“. Aber auch von der Stummheit mancher, von ihren Augen, aus denen eine Stille und Traurigkeit quillt. Aber wie soll ich das beschreiben, wenn man das von oben noch niemals gesehen hat. Wie ein Mensch schweigt, der vor einem Regal steht und vergessen hat, was er eigentlich sonst vom Leben wollte, außer Toastbrot. Oder jemanden, der auf offener Straße innehält, um sich seine abgenützten, trockenen Handinnenflächen anzuschauen. Ich lege ab und zu einen mittelblauen Kugelschreiber in eine solche Hand. Die Leute wundern sich gar nicht, denn seit Puss weg ist, bin ich wohl auch ein wenig abgenutzt, vielleicht sogar etwas wunderlich geworden.

Als Puss noch da war, war alles anders. Ich spürte Glück und auch Hoffnung in mir. Puss war immer voller Farbe und hatte nur gute Sätze, schöne Augen und ein einmaliges Lächeln. Eigentlich wollte ich auch die lustigen Geschichten erzählen, die Puss immer so fröhlich gestimmt haben, aber sie wollen mir einfach nicht mehr einfallen. Seit dem Umzug höre und sehe ich nichts mehr von Puss und auch die Erinnerung wird grau. Aber ich habe versprochen, dass ich nachkommen werde – ans andere Ende.

Das ist nun schließlich auch der Grund, weshalb ich diesen Brief schreibe, denn ich habe mir gedacht, dass man vielleicht von oben besser sehen kann, wo Puss jetzt ist. Wie Puss aussieht, kann ich leider schwer beschreiben. Aber Puss ist nicht sehr groß und hüpft viel auf einem Bein. Mit nur einem Schuh und hinter dem linken Ohr klemmt bestimmt ein mittelblauer Kugelschreiber. Vielleicht kann man von ganz oben sogar nach Puss rufen und Bescheid geben, dass ich unterwegs bin.

Jetzt, wo ich es geschafft habe, meine Bitte auszusprechen, kann ich es kaum noch erwarten, den Brief in das Marmeladenglas zu schrauben, das ich für die Sendung ausgesucht habe. Das Ganze ist dann wie eine Flaschenpost für die Luft, also eigentlich Luftflaschenpost. Eine gewöhnliche Flaschenpost ist ursprünglich ganz anders, die wirft man ins Wasser, wenn man die Hoffnung hat, dass jemand am anderen Ende des Wassers die Flasche findet und die Nachricht liest. Das ist natürlich eine Glückssache, oft passiert so etwas wohl nicht oder es wird nur ganz selten im Nachmittagsprogramm davon berichtet. Bei Luftpost ist es schon etwas anderes, denn ich habe gehört, dass schon viele Menschen welche verschickt oder erhalten haben. Das macht mir Mut.

Damit das Glas auf jeden Fall oben ankommt, habe ich die teuerste und beste Silvesterrakete gekauft, Terranova heißt sie. Laut Beschreibung soll sie ganz besonders hoch fliegen. Das Feuerwerk, das aus der Rakete platzen wird, reicht hoffentlich aus, um auf meine Nachricht aufmerksam zu machen. Beiliegend findet ihr außerdem ein Haar von Tumtum und einen mittelblauen Kugelschreiber. Eigentlich wollte ich auch eine Ameise mitschicken, aber ich weiß nicht, wie gut sie den Höhenunterschied vertragen würde.

Bitte antwortet mir so schnell wie möglich, ich warte bereits jetzt voller Ungeduld und mein Herz schlägt noch viel schneller als sonst. Falls ihr euch da oben fragt, wer ich bin, dann werft einen Blick in die Innenstadt. Dort hängt ein überdimensionales Plakat, das man sicher auch von ganz weit oben noch gut erkennen kann. Es bin zwar nicht ich selber darauf abgebildet, sondern die anfangs erwähnte Berühmtheit. Trotzdem bin das ich. Zumindest mehr als jemand anderer. Zumindest irgendwie.

Napoleon, mon amour

Napoleon, mon amour

In der Pause der Samstagsmatinee stürmen die Zuhörer, einer Massenpanik gleich, aus dem Konzertsaal und hin zum Buffet. Es ist noch früh am Tag und doch gieren sie bereits nach den Weingläsern, Weißwein vor allem, weil der rote ihnen am Vormittag zu schwer ist, zumindest behaupten sie das voreinander, um nicht als Trinker dazustehen.
Während sie darauf warten, dass die Buffetdame sie nach ihren Wünschen fragt, sind ihre Münder, die durch die überteuerten Brötchen kurz von jeder Redeschuld befreit sein werden, bereits halb geöffnet. Wenig später rutschen sie kauend in den guten Schuhen hin und her, flanieren auf dem Parkett und halten die Stiele ihrer Gläser fest umklammert, als würde das Gefäß sie führen und erst ihre aufrechte Haltung ermöglichen. So bleibt es, bis das Klingeln den Frieden der Pause zerreißt. Beim ersten Signal widersteht das Publikum noch und will sich nicht von einer Klingel dazu zwingen lassen, in den Konzertsaal zurückzugehen, wo die Luft schlecht und die Beinfreiheit eingeschränkt ist. Doch schon beim zweiten Klingeln überkommt alle eine Unruhe, denn was wäre, wenn die richtige Tür nicht mehr auffindbar wäre oder schlimmer noch, ein anderer den eigenen Platz eingenommen hat und den roten Polstersessel mit seinem fremden Hintern flach drückt?

Am Ende bleibe nur ich übrig. Ich widersetze mich dem Klingeln nicht, denn es meint gar nicht mich, weswegen ich auch kein halbleeres Glas mit zu viel Wucht auf einen der Stehtische stelle, und schon gar nicht suche ich, verzweifelt rufend, meine verloren gegangene Begleitung auf der Toilette. Ich bleibe stehen. Die Hände hinter dem Rücken verschränkt, überblicke ich das Gläsermeer vor mir, innen leer, doch außen voller Fingerabdrücke, verbrauchtes Geschirr, das bis zur nächsten Pause nicht mehr benötigt wird, wo ich wieder hier stehen werde, mit den Händen hinter dem Rücken, während der Zeiger auf meiner Armbanduhr, die du immer so abscheulich gefunden hast, die Zeit schneller vergehen lässt als meine nur mit dem Mindesten entlohnte Wahrnehmung.

Kein Glas, kein Feuer, kein Augenkontakt. Unauffällig, freundlich. Stolz auf die Uniform, die mich zu einem Bestandteil des Hauses macht. So soll ich mich fühlen, und ich bleibe noch für einen Moment im Pausenfoyer stehen und überlege, ob mich hier überhaupt irgendjemand als mich selbst wahrnimmt. Mich, die nicht mehr ganz junge, aber doch vom Leben noch etwas erwartende Exfrau, von deren Schicksal niemand erfährt, weil es nicht in die für alle gleiche Uniform eingeschrieben ist. 100% Polyester steht stattdessen darin und dass man sie nicht waschen darf.

Meine Augen sind geschlossen wie vor einem Kuss. Im Pausenfoyer ist es still, und ich kann in Ruhe zuhören, wie jedes Glas von den Serviererinnen in die Hand genommen und auf ein Tablett gestellt wird. Ich vernehme einzelne Töne klassischer Musik und versuche ganz genau hinzuhören, ob das Konzert schon weitergegangen ist. Die Musik entpuppt sich als Handyklingeln im

Gilet einer Servicekraft. Da schrillt jedoch erneut das Klingelsignal, das sonst nur den Beginn oder die Fortsetzung des Konzerts ankündigen darf, und weil dies so ungewöhnlich ist, beunruhigt es mich. Klingt so der Katastrophenalarm? Ist das jetzt der Notfall, für den ich bezahlt werde? Ich drehe mich einmal um mich selbst, wie ein Hund, der seinen Schwanz fängt. Ich lausche, aber es folgen weder Pfeifton noch Sirenen. Nur Helmut, ein Arbeitskollege, der in seinen Pausen immer zu mir kommt, taucht auf.

Wenn jetzt bloß eine Flut käme. Bis in den ersten Stock müssten die Sturzwellen reichen. Das Wasser müsste sich seinen Weg über alle Absperrungen und Hindernisse hinweg bahnen, Fensterscheiben einschlagen und in die Körper derer vordringen, die sich nicht rechtzeitig in Sicherheit gebracht hätten. Wasserunmengen müssten es sein. Sie würden durch die Türen gedrückt. Auch die stärksten Wände könnten sich nur kurz zur Wehr setzen, bevor unzählige Schwachstellen auftauchen würden.
Die Flut reißt die Stadt in eine unvorstellbare Tiefe und Dunkelheit, in der Gebäude in Stücke gerissen werden und die vollbesetzten Touristenbusse wie Quallen durchs Wasser treiben. Und endlich wird auch das Konzerthaus kippen. Wie die untergehende Titanic wird sich das Gebäude an einer Seite aufstellen, in der Mitte zerbrechen und sinken, während das Orchester bis zur letzten Note weiterspielt und ich nicht fliehen kann, weil ich längst in meiner Uniform am Fischgrätparkett angewachsen bin. Für mich wird es keinen Rettungsring geben. Aber das macht nichts. Zuerst werde ich mich zwar noch fürchten, wenn das Wasser über meine Knie steigt und die Flut um

mich spült, sobald ich dann aber erst einmal ganz unter Wasser bin, wird es mir nichts mehr ausmachen. Dann werde ich den Besuchern von den billigen Plätzen, den Instrumenten und Wurstbrötchen in gewohnter Weise dabei zuschauen, wie sie an mir vorbeitreiben.

Hinter meinem Rücken zerbricht ein Glas, es ist beim Buffet von der Theke gefallen. Es geht mich nichts an und ich drehe mich nicht danach um. Stattdessen gehe ich langsam und mich am Geländer festhaltend die Treppe hinunter. Meine Hand wird beim Abstieg vom Samtüberzug des Geländers gestreichelt, und ich halte inne, um den Stoff anzugreifen, der sich nur im ersten Moment weich und zart, im zweiten aber rau und durchgewetzt anfühlt. Ruckartig und nur durch die Nase atme ich aus, so wie ich es immer tue, wenn ich innerlich auflache. Ich lache, weil dieser Stoff ein perfektes Sinnbild für unsere Liebe ist. Bei dem Gedanken daran wird mir jedoch brennend heiß, anders als bei einer Hitzewallung, es ist eher wie eine Stichflamme in meiner Brust, und ich muss mich auf die Stufen setzen, um nicht hinunterzufallen. Einatmen, tief, und die Sorgen ausatmen. Die Flammen züngeln durch den vielen Sauerstoff höher, gelbe Spitzen, die in mich hineinstechen. Verzweifelt halte ich die Luft an und kämpfe mich weiter die Stufen hinunter, denn im Parterre gibt es eine Löschdecke, in die ich mich einwickeln kann.

Am Ende des Konzerts gehen die Gäste paarweise auf die Straße hinaus. Ich schaue ihnen nach und wundere mich, dass sie alle plötzlich nicht mehr allein sind. Erst als ich einen untersetzten Mann sehe, der sich selbst nicht und nicht in den Mantel helfen kann, ich zu ihm hintrete und unaufgefordert seine Hand beherzt in den Ärmel stecke, denke ich, dass es doch noch Möglichkeiten für mich gibt. Bei dem Wort Möglichkeiten fällst aber sofort du mir wieder ein und ich ärgere mich darüber. Vor allem, weil ich deinetwegen noch Schlagobers für meinen Kuchen, den ich nur für dich gebacken habe, kaufen muss.

Die Sonne leuchtet jeden Winkel der Einkaufsstraße aus, während ich sie entlang eile und Menschen ausweiche, die mich auffordern, Listen zu unterschreiben und Geld gegen das Ende der Welt zu überweisen. Ich sehe die Klemmbretter und Mappen und überlege für einen Moment, eine dieser Personen anzusprechen und zu fragen, wo man unterschreiben könne, wenn man für ein Ende sei, halte mich aber zurück und biege stattdessen in den Eingang zum unterirdisch gelegenen Supermarkt. Geblendet stehe ich da und erst als die Augen das Tageslicht vergessen haben, erhält der schwarze Gang langsam eine Farbe und die Stufen beginnen sich voneinander abzuheben. Wieder greife ich nach dem Treppengeländer, lasse die Stange jedoch sofort wieder los, als ich die kalte, harte Oberfläche in der Handfläche spüre, und für einen Augenblick ist mir, als hätte ich mir die Hand am Geländer verbrannt. Ein Mann kommt mir entgegen und trägt mehrere prall gefüllte Plastiksäckchen, die er beim Obst eingesteckt haben muss. Unbeteiligt schaut er durch mich hindurch, wie ich zuerst meine unbeschadete Hand und dann ihn studiere. Unsere Blicke treffen sich kurz, dann geht der Mann an mir vorbei und schaut auf die Stufen, während ich jetzt jedem seiner Schritte nach oben mit meinen Augen folge. Ich präge mir seine Schuhe, seine Hose und seinen Hinterkopf ein und wundere mich, warum mir der Mann so bekannt vorkommt. Plötzlich bin ich mir sicher, auch wenn die Augen nicht gestimmt haben und der Mund zu traurig nach unten gezogen war, so bin ich mir doch sicher, dass das Felix Baumgartner ist. Er muss es sein, wer denn sonst, und im Fernsehen sehen doch alle immer anders aus, entschlossener, und durch teures Scheinwerferlicht wird vielleicht jeder zu einem Helden.

In der Verkaufshalle stehen lange Schlangen vor den Backwaren, den Kassen sowie der Flaschenrückgabe. Einkaufswägen werden wie kleine Schlachtschiffe durch die Gänge manövriert, eine Frau fährt ihren Wagen gegen meine Hüfte, ohne Entschuldigung weicht sie aus und verschwindet zwischen den Flaschen. Die Menschen hamstern für den einen Tag, an dem die Geschäfte geschlossen sind, als würden diese nie wieder aufsperren. Ich will mich, im Gegensatz zu allen anderen hier, nicht mit der Zukunft auseinandersetzen müssen, mit morgen, dem Sonntag meines Geburtstags, welchem du schon heute Abend beizuwohnen gedenkst, weil ich morgen bei der Abendvorstellung arbeite. Um der alten Zeiten willen, hast du gesagt, aber in Wahrheit gemeint, dass es sich eben so gehört. So oder so, ich werde das Schlagobers holen, und sonst nichts, denn nach morgen wird es bestimmt immer noch eine Welt mit normalen Öffnungszeiten geben. So schnell kann sich wohl leider keine Sturzflut bilden und auch mit Tsunamis ist in einem Binnenland nicht zu rechnen.

Im flirrenden Licht des Kühlregals sehe ich, wie meine Finger zittern. Im nächsten Moment liegt der Becher massiv und gleichzeitig unsicher in meiner Hand, die sofort die Kälte der Flüssigkeit annimmt. Durch den Schlagobersbecher fallen mir die Geburtstagsfeiern meiner Tante auf dem Land ein, die wir, als ich ein Kind war, immer besucht haben. Sie hat mit dem Löffel das Fett von der Milch abgeschöpft und erklärt, dass nur die Besseren so dumm seien, sich extra im Geschäft Schlagobers, nein, einen Rahm, zu kaufen, wenn man doch aus der Kuh alles auf einmal und noch dazu ohne Chemie herausholen könne. Ich gehöre also doch zu den Besseren, selbst wenn ich die billigste Marke nehme, die gerade gut genug für dich ist, denke ich. Das dünne Plastik des Bechers wölbt sich durch meinen festen Griff nach innen. Ich gehe zu den Kassen, vorbei an Türmen mit Kartoffelchips in den abstrusesten Geschmacksrichtungen, und bleibe vor einer Schlange von mindestens elf Einkaufswägen stehen. Niemand lässt mich mit meinem Becher vor, und als sich das Fließband endlich vor mich schiebt, ruft hinter mir eine kratzige Frauenstimme nach einer zusätzlichen Kasse. Während ich denke, dass diese alten Menschen für nichts, aber auch gar nichts Zeit haben, entdecke ich die Frau, die nicht warten will. Sie ist in meinem Alter und hält eine Packung Würfelzucker vor den Bauch gedrückt. Von der Frage abgelenkt, ob ich auch Würfelzucker hätte kaufen sollen, verfehle ich das Förderband, der Becher fällt zu Boden und die dünnen Plastikwände brechen auseinander. Weiß strahlende Flüssigkeit breitet sich auf dem Boden aus. Von meiner Uniformhose, die ich immer nach dem Dienst anbehalte, weil ich mich nicht vor den Kolleginnen umziehen möchte, fließen weiße Rinnsale den Schuhen entgegen. Der Mann hinter mir zieht sein Kind, das wie aus einem Katalog ausgeschnitten aussieht und dem die Sehnsucht, in die weiße Lache zu springen, ins Gesicht geschrieben ist, mit vorwurfsvoller Miene von mir weg.

Was, wenn die Katastrophe nicht aus Wasser, sondern aus Schlagobers gemacht wäre. Eine Schlagobersflut, die über die Stadt überraschend hereinstürzt, sich in jeden Spalt drängt und alle Fluchtwege und Schlüssellöcher verklebt. Autos werden anfangs wie bei Glatteis über die Straßen rutschen, bald aber schon im immer schneller steigenden Schlagobers versinken und ein Entkommen wird unmöglich sein. Denn je mehr man versucht, sich zu befreien, umso fester wird das Schlagobers werden, bis es endlich, zu Butter geworden, alles Leben in sich ersticken wird.

* * *

Sonntagabend, der Einlass beginnt um neunzehn Uhr und dauert eine halbe Stunde. Auf meiner Armbanduhr ist es fünf vor sieben. Ich stehe vor der noch geschlossenen Glastür, bin eine lebende Absperrung und halte die Wartenden mit Blicken im Zaum. Die, die viel zu früh von zuhause aufgebrochen sind, wechseln im Stehen nervös von einem Bein aufs andere und halten ungeduldig die Karte in der Hand. Sie studieren jede meiner Bewegungen und es kommt mir so vor, als könnten sie es kaum aushalten, dass jemand wie ich darüber entscheidet, wann sie hineindürfen. Nicht im Warten ersaufen, denke ich abschätzig über die Konzertbesucher, von denen viele in meinem Alter sind, aber sonst haben sie und ich nichts gemein.

Um Fragen wie beispielsweise jene, wie mir die Konzerte gefallen, die ich noch nie besucht habe, da ich mir die Karten nicht leisten kann, zu vermeiden, setze ich mein unbeteiligtes Gesicht auf.
Auf einmal rieche ich saure Milch. Ich schaue an meiner Uniform, die nicht gewaschen werden darf, hinunter, zu meinen Hosenbeinen und denke an das neue Kleid, das ich gestern deinetwegen angezogen habe und das du, als ich dir Punkt neunzehn Uhr die Wohnungstür geöffnet habe, keines Blickes gewürdigt hast. Stattdessen hast du dich unaufgefordert auf den Platz auf der Küchenbank gesetzt, auf dem du auch früher schon immer gesessen bist, deinem Stammplatz, und neben dich hast du ein kleines Paket, in Geschenkpapier gewickelt, gelegt, das ich immer wieder heimlich und voller Verwunderung angeschaut habe, weil du mir in all der gemeinsamen Zeit niemals zum Geburtstag ein Geschenk gemacht hast. Sicher willst du etwas von mir, habe ich gedacht und mich hinter dem Kuchenstück auf dem Teller versteckt, das einfach nicht hoch genug war, um dahinter ganz zu verschwinden.
Fast melancholisch hast du gesagt, dass es früher auf den Geburtstagskuchen immer Kerzen gegeben habe, und um deine Aussage zu untermauern, hast du die alten Fotos von uns auf der gegenüberliegenden Wand angeschaut, die ich schon längst herunternehmen hätte müssen und auch genommen hätte, wäre nicht die Wandfarbe dahin-

ter um einiges weniger abgelebt als der Rest. Du hast dir einen großen Bissen vom Marmorkuchen abgestochen und ich habe darauf gewartet, dass du etwas darüber sagen würdest, dass er nicht richtig aufgegangen und in der Mitte klebrig geblieben ist. Du hast aber nur vor dich hin gestarrt, einmal, was dir wahrscheinlich selbst nicht bewusst war, aufgeseufzt und das alte Radio auf der Anrichte fixiert. Um das Gespräch irgendwie wieder in Gang zu bringen, und ein bisschen auch, um deine mir so gewohnte Genervtheit hervorzukitzeln, habe ich dich gefragt, ob du größere Angst vor Feuer oder vor Wasser hättest. Anstatt dich wie früher über diese für mich doch so typisch sinnlose Fragerei aufzuregen, hast du dich nach kurzer Bedenkzeit für Feuer entschieden. Es sei häufiger, dass man ihm zum Opfer falle, und man habe weniger Chancen zu überleben, hast du mit ernsthaftem Ausdruck gesagt, wie du sonst immer nur über deine Wetterfühligkeit gesprochen hast.

Der Einlass fängt an und ich reiße die Karten ab, ohne sie anzuschauen, denn ich arbeite hier seit über einem Jahr und noch nie ist jemand am falschen Tag gekommen oder hat versucht, mich mit einer falschen Karte zu betrügen. Um mich nicht dem Gefühl der Überflüssigkeit zu überlassen, habe ich mich daran gewöhnt, innerlich taub zu sein und mich wie ein glänzendes Polyestermöbel zu fühlen, das zwar etwas abgelebt, aber immer noch einsatzfähig ist.

Ich habe dir aus der weißen Plastikthermoskanne, deren Oberfläche sich schon vor einigen Jahren zu schälen begonnen hat, die aber bis heute anstandslos ihren Zweck erfüllt, den letzten Rest Kaffee in deine Tasse geleert und deine Serviette zurechtgelegt, damit dir die kleinen Oldtimer darauf auffallen, mit denen ich dich an unseren letzten gemeinsamen Urlaub am Ossiacher See erinnern wollte. Du hast aber, wie auch früher immer, gar nichts gemerkt. Nach einer endlos scheinenden Stille hast du schließlich den Kaffee mit einem großen Schluck ausgetrunken und die unbenutzte Serviette genommen und wie üblich eingeschoben, um sie später und lange als Taschentuch zu verwenden. „So", hast du abschließend gesagt und mir das Geschenk hingelegt. Kein „Alles Gute", kein „Für dich", nur ein „So", und ich habe das bunte Papier, mit dem, wie du mir gesagt hast, *deine* Elisabeth das Geschenk eingewickelt hat, ein bisschen zu brutal heruntergerissen und hatte eine DVD in der Hand, auf der „Hallo Dienstmann" gestanden ist und die ebenfalls von *deiner* Elisabeth ausgesucht worden war. Als Friedensangebot hast du das Geschenk bezeichnet und ich habe eine DVD als etwas dürftig hierfür empfunden. Trotzdem habe ich ein Lächeln aufgesetzt, die DVD neben meinen Teller gelegt und nicht den Mut aufgebracht, dir zu sagen, dass ich auf so eine Art von Frieden keinen Wert lege, sondern dass ich vielmehr wissen wolle, warum dir die Oldtimer nicht aufgefallen seien, und ob du die in allen Grün- und Orangetönen schreiende Ferienwohnung am Ossiacher See schon vergessen hättest, wo wir uns ein letztes Mal zueinander aufraffen hätten können. Obwohl das Fernsehbild so schlecht war. „Der Fernseher hat einen Vollrausch", hast du damals gesagt und dich durch das kaum erkennbare Bild hindurch über die Sendung aufgeregt, in der Männer in deinem Alter mit Oldtimern durch die Wüste Gobi eine

Rallye gemacht haben. Ich möchte dich fragen, ob du dich an unser Gespräch erinnerst, das nie stattgefunden hat, auf dem Klappsofa in dieser Ferienwohnung. Wie ich versucht habe, dir anzubieten, auch ein gemeinsames Abenteuer zu wagen, von mir aus auch eine Wüste in einer alten Kiste zu durchqueren, damit es mit uns irgendwohin weitergehen hätte können. Und ich möchte wissen, ob du gespürt hast, dass ich die richtigen Worte einfach nicht habe finden können, für das, was ich für uns in diesem Moment noch alles für möglich gehalten habe, und dass ich schlussendlich nur Banalitäten von mir geben konnte, in denen zwar meine Hoffnungen mitgeschwungen sind, aber für Zwischentöne bist du nie sonderlich empfänglich gewesen.
Immer noch lächelnd habe ich meine Hand auf die DVD gelegt und mich leise bedankt. Geistesabwesend wie früher hast du es aber nicht gehört, weil du das Radio angeblickt hast, als würdest du es für dich beanspruchen wollen, wüsstest aber nicht wie. Ich kann mir gut vorstellen, dass es vor allem am ausgeschalteten Radio gelegen ist, einer Stille, die du immer schon schwer ertragen konntest, dass du dich in diesem Augenblick zum raschen Aufbruch entschlossen hast. Weil ich dich aber auf einmal nicht gehen lassen wollte, habe ich, mit einer mich selbst überraschenden Begeisterung, ausgerufen: „Stell dir vor, heute habe ich Felix Baumgartner im Supermarkt getroffen."

Ich reiße die Karten ab und habe das Lied im Kopf, das sich gestern durch „Hallo Dienstmann" gezogen hat. *Stell dir vor, es geht das Licht aus, sag, was würdest du dann tun?* Ein älterer Herr zwinkert mir frivol zu und flüstert:

„Keine Angst, es geht noch nicht aus.“ Erst jetzt bemerke ich, dass ich die Melodie mitgesummt habe. Schamesröte schießt mir ins Gesicht und ich möchte etwas möglichst Schlagfertiges erwidern, aber da schiebt sich bereits seine dicke, alte Ehefrau dazwischen und ärgert sich über das Geplänkel.

Wieder spüre ich diese Glut in mir. Ein Gefühl, dass es noch nicht ganz vorbei ist. Aber vielleicht ist doch bloß irgendwo ein Feuer ausgebrochen, das schon Hitze ausstrahlt, bevor es sich in Form von Flammen zu erkennen gibt. Alles würde ich für so einen kleinen Brandherd geben, denn hier, zwischen den feuerhemmenden Materialien, wäre ich in meinem Polyesteraufzug der ideale Ort für eine Entzündung.

Dir war meine Begegnung mit diesem Baumgartner vollkommen egal. Stattdessen hast du dich doch noch geärgert, dass ich im Supermarkt war und dir trotzdem kein Schlagobers für den zu trockenen, schlecht gebackenen Kuchen gekauft habe. Ich habe dir angesehen, dass du dich in deiner Entscheidung, mich zu verlassen, wieder einmal bestätigt gefühlt hast, und du bist grußlos gegangen. Nachdem ich dich durch das Küchenfenster vom Haus weggehen gesehen habe, habe ich deinen Teller in den Mistkübel geworfen und das Friedensangebot in den DVD-Player geschoben.

Stell dir vor, es geht das Licht aus. Das Konzert beginnt, ich schließe die Glastüren und sperre mich selbst und die Welt aus. Nun fängt meine Wartezeit an, und gegen die Langeweile in meinem Kopf lasse ich Paul Hörbiger und Maria Andergast, die eine ungewöhnliche Ähnlichkeit mit mir hat, in der Nische Platz nehmen, die ich unter meiner Schädeldecke liebevoll für die beiden eingerichtet habe. Früher habe ich diese österreichischen Dauerbrenner-Heimatfilme oft an Sonntagnachmittagen im Fernsehen geschaut, sofern kein Sport war, den zu schauen du durchgesetzt hast. Damals fand ich ernsthaft, dass du eine gewisse Ähnlichkeit mit Paul Hörbiger hattest, dasselbe Kinn, habe ich immer gesagt, und dir damit das Kompliment machen wollen, dass ihr beide gestandene, gut aussehende Männer seid. Jetzt, nachdem mir deine Neue, diese Elisabeth, die DVD wie eine Botschaft über dich zukommen hat lassen, habe ich auf einmal Mitleid mit Maria Andergast, dass sie in so vielen verschiedenen Filmen immer wieder an Paul Hörbiger geraten musste, der zwar stets verschiedene Figuren spielte, aber im Wesentlichen immer für dasselbe stand: vorhersehbare Biederkeit.

Trotzdem singen heute Abend Maria Andergast, die jetzt eindeutig ich ist, und Paul Hörbiger lautstark in meinem Kopf. *Finster, finster, gar nichts kann man seh'n.* Und ich lasse zur Feier meines Geburtstags sogar zu, dass Paul Hörbiger, der praktischerweise neben dem Lichtschalter sitzt, das Licht kurz ausschaltet, damit sie sich küssen können.

Dass Helmut, fünfundsechzig Jahre und Witwer, sich in der Zwischenzeit neben mich gestellt hat und auf mich einredet, habe ich dabei gar nicht bemerkt. Ich weiß schon länger, dass er eine Schwäche für mich hat, weil er immer wieder betont, wie gut mir die – wirklich unvorteilhaft geschnittene – Uniform stehe, doch

leider ist er zu klein, um für mich in Frage zu kommen. Ungewöhnlich aufgeregt gestikuliert Helmut heute und bekommt rote Flecken im Gesicht, die mir noch nie an ihm aufgefallen sind. Weil aber die Musik in meinem Kopf so laut ist, verstehe ich nicht, was er sagt. Als er dann auch noch mit seiner kleinen Männerhand nach meinem Handgelenk greift, denke ich, dass es sich um den Ausbruch eines Feuers handeln muss, knipse sofort die Szene in meinem Kopf aus, und Helmut sagt tatsächlich: „Bis zu fünf Lagen Leichen übereinander, teilweise bis ins Kleinste hinein verstümmelt, fast schon wie Brei. Und die Lebenden sind einfach darüber geklettert und haben zwischen den Leichenbergen weiter um ihr Leben gekämpft, bis niemand mehr übrig geblieben ist und sich Gestank und Dunkelheit über alles gelegt haben."
Schockiert schaue ich von Helmuts Hand, die meinen Arm nicht mehr losgelassen hat, in sein rotwangiges Gesicht und ich weiß nicht, ob ich mich darüber freue oder doch bedaure, dass nun wirklich die ersehnte Katastrophe eingetreten ist, so brutal hatte ich mir die Sache nicht vorgestellt. Bevor ich aber in eine der Situation angemessen scheinende Hysterie ausbrechen kann, fällt mir doch noch ein, dass Helmut bei jeder Gelegenheit über sein großes Idol Napoleon Bonaparte spricht.

Augenblicklich drückt dieser aufdringliche Paul Hörbiger in meinem Kopf wieder auf den Lichtschalter, aber sein Gesang wird von Helmuts Ausführungen über die Stadt Smolensk gestört, wo in einer Feuersbrunst die Bewohner nicht verbrannt, sondern regelrecht verglüht seien. Seine Hand beginnt auf meine Haut zu schwitzen, als er sagt: „Josephine, stellen Sie sich nur vor, ein Mann wie Napoleon, nur fünf Fuß, zwei Zoll und drei Linien groß, kleiner also noch als ich, hat das alles befohlen." Von Helmuts Leidenschaft fasziniert schaue ich ihn mir zum ersten Mal so richtig an, und irgendwie gefällt er mir, der kleine Helmut, der wirklich so überhaupt nichts von Paul Hörbiger an sich hat. Liebevoll lege ich meine Hand auf die seine, drücke sie und beuge meinen Kopf ganz nah zu seinem hin, biege mich regelrecht zu ihm hinunter, und frage säuselnd und so zart, wie ich es seit Jahren nicht mehr für nötig gehalten habe: „Helmut, stellen Sie sich vor, es geht jetzt das Licht aus. Was würden Sie dann tun?"

Helmut befreit sich von meiner Hand, tritt einen Schritt zurück und mustert mich. Zuerst glaube ich, ihn in Verlegenheit gebracht zu haben, aber dann frage ich mich, ob er mich vielleicht akustisch nicht verstanden hat, denn auch seine Ohren sind winzig. Da antwortet er aber doch, und eine unattraktive Resignation liegt in seiner Stimme: „So jemand wie wir kann gar nichts machen, wenn das Licht ausgeht. Wir müssen froh sein, wenn das Licht irgendwann wieder von selber angeht, denn sonst bleiben wir rettungslos der Dunkelheit ausgeliefert. Denn, liebe Josephine, um es mit den Worten des großen Napoleon Bonaparte zu sagen: Jeder Mann ist ein Geschöpf seiner Uniform."

Enttäuscht von der Antwort distanziere ich mich von Helmut, der jetzt selbst von seiner Aussage unangenehm berührt scheint, so als hätte er gerade etwas begriffen, was er sich lange nicht eingestanden hat. Mechanisch schaut er auf seine Armbanduhr und marschiert ohne ein

weiteres Wort los, um seine Pause anzutreten, in der er durch das Gebäude spaziert, während ich hier ausharren muss, um die Eingänge zu bewachen.
Kaum bin ich allein, überfällt mich erneut eine bleierne Hitze und ich sinke auf den Marmorboden. Natürlich erfasst mich jetzt keine Feuersbrunst und auch keine Sturzflut, die mich mitreißen könnte. Fort von hier, von dieser Stelle. Aus diesem Leben, in dem gar nichts kommt. Weder eine Lawine, noch ein Tornado oder ein Erdbeben. Nicht einmal ein harmloser falscher Terroralarm. So sitze ich also bloß da, auf dem kalten Stein, und meine Hände zittern.

Kleine Lastentiere

Kleine Lastentiere

In meinem Kopf sage ich es mir vor: Ich liebe den Zirkus. Ich liebe den Zirkus, das Rattern des Stromgenerators und den Geruch nach Sägemehl. Ebenso wie die Zuckerwatte, die ich liebe, sofern sie weiß ist. Rosa geht auch, hellblau nicht. Dafür liebe ich aber den Blaustich der Energiesparlampen, die aufgeregt zu flackern beginnen, sobald der Zirkusdirektor spricht. „Der Zirkus ist nur so gut wie seine Zukunft“ ruft er ins Mikrofon und meint damit den Auftritt seiner achtjährigen Tochter, die kurz zuvor einen brennenden Hula-Hoop-Reifen um sich kreisen ließ. Gerade kann ich aber auch dafür Liebe aufbringen, nicht zuletzt, weil man aus Liebe alles besser erträgt. Und da, endlich, kündigt der Zirkusdirektor die einmaligen Künste der Seiltänzerin an, die sich allerdings als nicht mehr ganz schlanke, mittelalte Frau entpuppt. Ohne großen körperlichen Einsatz balanciert sie über ein viel zu niedrig gespanntes Seil und langweilt sich dabei recht offensichtlich.

Gegen das Tatsächliche behaupte ich umso vehementer meine unerschütterliche Liebe: zum Zirkus und vor allem zum Leben, das eben manchmal anders ist, als man es sich ausgedacht hat. Dabei hatte ich es mir bis ins kleinste Detail vorgestellt, wie die Seiltänzerin mit ihrem fragilen Körper hoch oben in der Zirkuskuppel am unsichtbaren Seil schwebt. Sogar die Füße der Artistin hatte ich vor mir gesehen, wie sie vorsichtig über das Seil gleiten, als könnten sie den Abgrund unter sich spüren. Genau auf der Hälfte der Strecke war in meiner Vorstellung schließlich alles ins Schwanken geraten und ich hatte mir ein fatales Unglück erwartet. Eines, das erst im allerletzten Moment abgewendet werden hätte können. Ganz insgeheim hatte ich vielleicht sogar auf einen Sturz gehofft.

Doch nichts passiert, das Publikum applaudiert, das blaue Licht tanzt dazu. Aus den kratzenden Lautsprechern, die die Zirkuskapelle ersetzen, ist ein Tusch zu hören, und die Seiltänzerin wird vom Clown abgelöst und ist gerettet. Breitbeinig steht er auf dem Boden, der voller Sägespäne ist, und macht unpassende Witze über seinen offensichtlich echten Alkoholismus, bevor er seine kleinen Assistenten ankündigt: vier kurzhaarige Shetlandponys mit Kopfschmuck, die in die Manege geführt werden. In diesem Augenblick stockt jedoch das Geräusch des Generators und es ist schlagartig finster.

Im Dunkeln lasse ich für einen Moment meine Vorsätze los: Ich liebe nichts. Stattdessen nütze ich die Gelegenheit und erlebe für mich allein, wie die Seiltänzerin hoch oben das Gleichgewicht verliert und ich erschrocken den Blick von ihr abwenden muss und ihn auf dich richte, sodass mir das tragische Ereignis nicht direkt, sondern durch dich widerfährt. Durch die Reaktion in deinem Gesicht, dessen Züge dir kurz entgleiten, sich jedoch sofort wieder ordnen, weil du mich zu beschützen versuchst. Deutlich spüre ich, wie du mich heftig an dich drückst und meine Augen mit deiner Hand bedeckst. Ich halte dieses Gefühl fest, weil die Vorstellung allein doch ausreichen muss. Sie würde es sicherlich auch, wäre da nicht diese Scham in mir, dass mein Verlangen nach dir als mein Sicherheitsnetz so groß ist, dass ich auf Tragödien hoffen muss, um es zu befriedigen. Und so kehre ich mit schlechtem Gewissen in die Wirklichkeit der verdunkelten Manege zurück.

Es ist doch erstaunlich, dass in so einer Situation niemand die Nerven verliert. Niemand rührt sich vom Fleck und auch die Ponys stehen still, während sich der Clown für den technischen Defekt entschuldigt. Er verpackt das Malheur in einen misslungenen Witz, wird aber zu seinem Glück von der kugeligen Frau, die vor der Vorstellung die Zuckerwatte auf die Stäbe geschleudert hat, unterbrochen, weil sie mit Taschenlampe und Hammer durch die Manege läuft und sich ächzend unter die Tribüne zwängt. Laut schlägt Metall auf Metall, die Frau flucht in einer fremden Sprache. Trotzdem ändert sich nichts.

Alle harren geduldig auf ihren Plätzen aus. Ich wundere mich, dass auch ich ganz ruhig bleibe, obwohl es mir schwer fällt, ohne Licht die Fassung zu bewahren. Vielleicht aber geht es allen so und sie reißen sich nur zusammen, um nicht die Spannung zu verlieren, den Zirkuszauber, den man sich hier ohnehin mühsam einreden muss. Oder aber niemand wagt es aufzustehen, denn es gibt keine dieser sonst allgegenwärtigen Notausgangsschilder, sodass auch ich die Orientierung vollends verloren habe und mir nicht mehr sicher bin, wo kurz zuvor eine Seiltänzerin, ein Mädchen mit Feuer-Hula-Hoop, und noch früher ein Taubenkarussell ihre Kunststücke dargeboten haben. Ich bin mir nicht einmal mehr sicher, ob überhaupt irgendwann etwas da gewesen ist und sogar die Illusion, dass ich irgendwo tief in mir drinnen immer noch das Kind von früher bin, ist jetzt schwarz übermalt.

Die Zeit zerrt an der Dunkelheit und verwandelt sie langsam in ein Graublau, in dem die Shetlandponys zu erahnen sind. Deutlich nehme ich auch die zwei Köpfe der Nachbarskinder zwischen uns wahr, die du als unsere Attrappenkinder mitgebracht hast, weil es dir undenkbar schien, als erwachsenes Paar in den Zirkus zu gehen. Perplex hast du mir erzählt, dass die Kinder sich nur zu einem kostenlosen Zirkusbesuch überreden hätten lassen, nachdem du ihnen so viele Süßigkeiten versprochen hast, wie sie essen können. So sitzen dieser Junge und dieses Mädchen nun also zwischen uns und tasten blind nach ihren offenen Säckchen mit Gummizeug, gebrannten Mandeln und Popcorn. Nur die Zuckerwatten, die sie immer noch fest in der Hand halten, sind ihnen nicht verloren gegangen.
Ich muss lachen bei dem Gedanken daran, wie ungünstig es wäre, wenn die zwei Kinder den Stromausfall nützen würden, um zu fliehen. Du und ich, wir wären beide unfähig, die zwei wiederzufinden. Nicht einmal nach ihnen rufen könnten wir. Zumindest ich weiß nicht, wie sie heißen, und ich bin mir ziemlich sicher, dass du dich auch nicht dafür interessiert hast. Um mein Auflachen zu überspielen, frage ich so einfühlsam wie möglich, ob alles in Ordnung sei. „Bei euch zwei Großen", füge ich mit Nachdruck hinzu. Statt einer Antwort höre ich, wie das Mädchen neben mir in ihre Zuckerwatte beißt. Ganz leise knistert es, während die Zuckerkristalle in ihrem Mund schmelzen. Sofort habe ich einen

süßlich stechenden Geschmack auf der Zunge, ein fast schmerzhafter Reiz durchdringt meinen Kopf, der nicht ohne Zutun einzudämmen ist. Ich stupse das Mädchen an, frage, ob ich bei ihrer Zuckerwatte kosten dürfe und kann erkennen, wie sie den großen Zuckerbausch weit von mir weghält. Ich kann diese Art von Egoismus noch gar nicht richtig fassen, da atmet es heiß gegen meine Wange und die Stimme des Jungen flüstert: „Fürchten sich die kleinen Pferdchen nicht?" Während ich noch überlege, ob die Sorge berechtigt ist oder ob Ponys im Dunkeln sehen können, antwortest du bereits: „Nein, nur Menschen brauchen künstliches Licht. Ponys ist das egal."

Dass du dir so sicher darin bist, was ein Pony braucht und was nicht, ist mir unrecht. Überhaupt passt mir in diesem Moment gar nichts mehr an dir und ich mache im Kopf eine Liste der Dinge, die mich an dir ganz besonders stören: Du schnarchst. Du schneidest mit dem Messer so fest, dass der Teller quietscht. Du hörst im Auto ständig Sprachkurse in Sprachen aus Ländern, die du nie bereisen wirst, weil dir die politische Lage zu unsicher erscheint. Mich stört auch, dass du dir in allem Möglichen und Unmöglichen aus mir unerfindlichen Gründen immer so sicher bist. Und dann ist da natürlich noch die Sache mit den Schnecken. Wenn du mit den Gummistiefeln im Gemüsebeet stehst und unerbittlich gegen die Nacktschnecken ankämpfst, hasse ich dich manchmal dafür, wie du sie zwar erbost von den Salatblättern pflückst, sie aber dann, getrieben von deinem ethischen Idealismus, vorsichtig in Kübeln sammelst und sie mit dem Auto in den Wald kutschierst. „Eine zweite Chance verdient jeder", sagst du dann immer,

während ich neben dir im Garten stehe, mich über das angefressene Gemüse beuge und so wie du, aus Liebe zu dir, in gelben Gummihandschuhen die weichen Körper von den Blättern zupfe. Körper, die man ganz leicht zerdrücken könnte. Es darf aber nicht sein.
Hätte ich meine Gartenhandschuhe dabei, könnte ich dich jetzt im Dunkeln ein bisschen würgen. Nur ein bisschen, nur so, dass du es spürst und weißt, dass es eine Möglichkeit ist. Da springt der Generator ratternd wieder an und frostblaues Licht überzieht die Manege.

Von Neuem beginne ich meine innere Litanei: Ich liebe Ponys, ich liebe sie sogar in hässlicher Beleuchtung. Die Tiere gleichen ihre triste Präsentation durch ihr Talent aus. So kann das eine Pony mit der Schnauze einen roten Teppich aufrollen. Das zweite dreht sich um die eigene Achse. Ein Pony öffnet die Kühlbox des Clowns und stiehlt ihm eine Dose Bier, an der glücklicherweise ein Griff angebracht ist, in den das Pony beißen kann. Ein Pony legt sich auf eine Picknickdecke und weigert sich, wieder aufzustehen. Der Clown macht eine Show daraus und versucht die einzelnen Ponydressuren zu einer Geschichte zu verbinden. Er sagt, die Tiere hätten seinen Schnaps gestohlen und seien besoffen. Seine Gerte schnalzt durch die Luft und die Ponys wackeln im Gänsemarsch. Eine Art Widerwille, der dabei von den Tieren auszugehen scheint, überfällt auch mich und ich töte den Clown mit bösen Blicken.

Da wird den Attrappenkindern fast gleichzeitig schlecht von den vielen Süßigkeiten und sie brauchen frische Luft. Bereitwillig möchtest du auch hinaus, denn du langweilst dich ohnehin. Auffordernd schaust du im Stehen auf mich hinunter, ich kann jetzt aber auf keinen Fall gehen, denn mein Blick bleibt an den Ponys haften. Du seufzt und verschwindest, während die Tochter des Zirkusdirektors mit einem roten Stab erscheint, über den die Tiere springen sollen. Eines der Ponys weigert sich, über den Stock zu hüpfen, sogar dann, als das Mädchen den Stab fast schon auf den Boden legt. Ich freue mich über den Widerstand, bis ich erkenne, dass selbst das Teil der Show ist.

Etwas unvermittelt beginnt die Pause und die Ponys bleiben stehen. In den nächsten zwanzig Minuten kann jedes Kind für einen Euro auf ihrem Rücken reiten. Ich schaue zu, wie vier Kinder in die kleinen Sättel gehoben werden. Auch ich bin einmal in einer Zirkusmanege auf dem Rücken eines solchen Ponys gesessen, allerdings scheint es mir heute so, als wäre das alles unendlich lange her. Noch viel weiter entfernt kommt mir jetzt auch meine kindische Leidenschaft vor, die einem noch viel kleineren Pony gegolten und an jenem Weihnachtsabend begonnen hat, an dem ich das Geschenkpapier von Wulliwu herunterriss. Vom ersten Blick an habe ich Wulliwu geliebt. Er war ein weiß-braun gescheckte Pony und seine dunkelbraune Mähne ist ihm, wie nach einem Stromschlag, wild vom Kopf gestanden. Wulliwu war ein winziges Zwergpferd, viel zu klein, um auf ihm zu reiten. Aber er war überaus talentiert und beherrschte unglaubliche Kunststücke. Zum Beispiel einen Salto in der Luft machen oder auf dem Hintern sitzen. Auch einen Kopfstand vollführte er makellos. Und natürlich: der Balanceakt auf meinem Kopf. Wulliwu war zum Glück ganz leicht, der Wattekörper wog fast nichts, und so konnte mein Pferd auch fliegen, zumindest für eine Wurfweite. Im darauffolgenden Fasching sind Wulliwu und ich als Zirkusdompteurin und ihr Pferd aufgetreten. Auf dem Foto trage ich einen schwarzen Ballettanzug, den meine Mutter von der Nachbarin geliehen hatte, ein rotes Kopftuch als Rock, ein rotes Kopftuch als Umhang und am Kopf einen Zylinder aus Karton. Meine Gerte war der Bambusstock einer Zimmerpflanze, die es heute nicht mehr gibt. Vorne hatte ich eine gehäkelte Schnur mit zu viel Klebestreifen fixiert. Stolz strecke ich am Bild die Brust heraus, schwinge die Gerte und präsentiere mit der zweiten Hand den eigentlichen Star: Wulliwu, der mit einer kleinen, ebenfalls mit zu viel Klebeband angeklebten Krone auf meinem Zylinder balanciert. Weitere Fotos beweisen, dass Wulliwu und ich auch nach diesem Fasching ein Artistenpaar geblieben sind. Wir haben uns sehr geliebt und hatten den großen Traum, eines Tages – sobald es uns erlaubt sein würde, so spät noch draußen zu sein – zusammen in den Sonnenuntergang zu reiten.

Du bist mit den Kindern noch nicht zurückgekommen und ich überlege, ob ich dich vermissen würde, sollte ich dich, so wie Wulliwu, nie wiedersehen. Kurz glaube ich, dass ich überhaupt nicht traurig wäre, aber dann spüre ich doch, dass das nur ein Selbstschutz sein kann, denn unsere Liebe ist eine ganz andere, wahrscheinlich erwachsene Ausformung und hat mit meinen Gefühlen für Wulliwu nichts gemein. So brauche ich dich auch nur in deine Richtung zu lieben und du liebst mich von dir aus zurück. Bei Wulliwu musste ich immer in beide Richtungen fühlen. Manchmal wäre mir das vielleicht auch heute noch recht, weil es mich oft anstrengt, dass du alles, was du tust und fühlst, ironisch meinst, und ich nichts dagegen tun kann. Ich weiß, damit hältst du dich selbst auf Distanz, aber auch mich hältst du so von dir fern. Dann muss ich mir doch wieder selbst Beweise deiner Liebe suchen: zum Beispiel die Mühe, die du dir mit deinen Gemüsebeeten gibst, in die du, so scheint es mir zumindest, deine Empfindungen vergräbst und auf größere Erträge hoffst, um uns damit durchzubringen. Ich halte mich daran fest, dass dein Durchbringen-Wollen die Bestätigung ist, wie wichtig ich für dich bin. Allerdings hat dieses Konzept von Liebe durchaus auch Mangelerscheinungen, weshalb ich dich so gut wie möglich unterstütze. Deshalb jäte ich auch das Unkraut, um dich glücklich zu machen. Du sagst: „Menschen sind erst Menschen, seit sie Werkzeuge verwenden. Davor sind sie etwas anderes gewesen. Weniger." Natürlich wollen wir beide mehr sein als weniger und besitzen zum Beweis dafür zwei verschiedenfarbige Gartenharken. Durch sie sind wir Menschen, die um die Gurken und Zwiebeln, die Kartoffeln und den Kohlrabi herumwüten und dadurch einem tieferen Sinn den Weg bahnen.

Die Zahl der kleinen Zirkusbesucher, die in der Pony-Warteschlange stehen, hat sich bereits halbiert. Die Ponys wirken ihrem Schicksal gegenüber gleichgültig und lassen alles mit sich machen, während manche Kinder regelrecht von innen heraus strahlen, sobald sie auf dem Tierrücken sitzen. Anderen Kindern scheint es ebenso egal zu sein, was mit ihnen geschieht, wie den Tieren. Kurz lächeln sie in die Kamera und machen den Eindruck, als würden sie alles bloß über sich ergehen lassen, um ihren Eltern oder Großeltern einen Gefallen zu tun. Ich frage mich, ob die Attrappenkinder Lust hätten, auf einem Pony zu sitzen, und nähere mich schon dem Ausgang, als mir einfällt, dass du das ohnehin nicht gutheißen würdest. Für dich ist praktisch alles, was mit Tierdressur zu tun hat, Tierquälerei. Weil ich mir deinen Vortrag darüber heute nicht ein zweites Mal anhören will, drücke ich stattdessen der dicken Zuckerwattefrau einen Euro in die Hand und sie öffnet für mich die Luke in der Zeltwand, damit ich zur Tierschau hinter dem Zelt kann. Die Tierschau setzt sich aus einem Kreis aus Käfigen und einem kleinen, leerstehenden Gehege zusammen. Aus den Käfigen schauen Tauben und Hühner, Hasen und Zwergziegen heraus. Abseits rotiert ein Kamel in einem länglich abgesteckten Gehege hin und her. Der Elektrozaun knackt in regelmäßigem Abstand, während das zornig wirkende Tier in hohem Tempo von Ecke zu Ecke stürmt und immer erst im letzten Moment abbremst, um dem Stromschlag zu entgehen. Der Boden innerhalb des Zauns ist durch die vielen Kamelschritte umgepflügt und matschig. Ich lasse meinen Blick von den Hufen des Kamels bis zu meinen Füßen über den Boden gleiten. Auch da, wo ich stehe, ist die Wiese durch die vielen starken Sommergewitter der letzten Woche nass und aufgewühlt. Während ich versuche, die klumpige Erde, die sich an meine Schuhsohlen klammert, abzustreifen, denke ich an deine Worte, dass unsere Zukunft vor allem durch Umwelt- und Klimakatastrophen geprägt sein werde und wir froh sein müssen, wenn uns der Boden unter den Füßen noch eine Zeitlang erhalten bleibt. Wie zu dir selbst sagst du oft den Satz „Illusionen brauchst du dir keine mehr machen“, und während ich ihn in meinem Kopf abspule, höre ich damit auf, mich

um mein Schuhwerk zu bemühen. Langsam, dem unsympathisch schnaubenden Kamel ausweichend, gehe ich um das Gehege herum und schlüpfe zwischen zwei eng aneinander geparkten Wohnwägen hindurch. Die Vorderseiten der Wägen, die in einem Kreis angeordnet stehen, bestätigen nicht mein vorgefertigtes Bild von Zirkusidylle. Statt schmuddeliger, kleiner Wohn-Caravans stehen modernste Campingmobile mit einladenden Panorama-Fensterfronten nebeneinander. Aus einem dieser Reisewunder dringt dramatische Musik, wie sie sonst nur in Telenovelas zu hören ist, und ich schaue vorsichtig durch das Fenster in das Innere des Wagens. Dort, auf einer ledernen Wohnlandschaft, sitzt die Seiltänzerin in einem violetten Bademantel und schaut aufmerksam auf einen enormen Flachbildfernseher.
Für mich selbst halte ich fest: In Pausen sind Artisten gewöhnliche Menschen. Ich wiederhole die Erkenntnis ein paar Mal in meinem Kopf und bin ziemlich enttäuscht, so als wäre eine Sicherheit, die ich über lange Zeit in mir getragen habe, zerbrochen. Eine Gewissheit über das Vorhandensein einer Hoffnung, so kompliziert das scheinen mag, dass es irgendwo eine Welt gibt, die nicht so gewöhnlich ist wie meine eigene. In der man man selbst ist und dabei trotzdem mehr als einfach nur ein Mensch.

Angestrengt suche ich an dem Bild der fernsehenden Seiltänzerin eine Besonderheit, die die Situation retten könnte, da steht auf einmal der Clown neben mir. Die Umrisse seiner Schminke wirken verschwommen und was aus der Distanz fröhlich aussah, ist jetzt aus der Nähe wie der Beweis einer großen Trostlosigkeit.

Der Clown räuspert sich, bevor er spricht, und sagt nun schroff und frei von jedwedem Witz, dass die Wohnungen der Artisten nicht Teil der Tierschau seien. Verlegen tue ich so, als hätte ich die Toiletten gesucht und mich nur hierher verirrt. Er deutet mir die Richtung und geht in den Wohnwagen. Bevor ich mich abwende, um zum Zelt zurückzugehen, kann ich hören, wie der Clown die Seiltänzerin bei einem niedlichen Kosenamen nennt und fragt, was er verpasst habe. Überfordert von zu viel Realität, die ich gerade nicht brauchen kann, tappe ich zu den Käfigen der Tierschau zurück. Die vergitterten Tieraugen glotzen mich an und ich sage zu den Zwergziegen: In den Pausen sind selbst die Artisten bloß Menschen, nicht einmal als Liebende sind sie mehr als das. Immer Menschen, ob in Pause oder nicht. Immer gewöhnlich. Am Sofa. Am Tisch. Vor dem Fernseher. Im Schlaf. Was genau soll ich daran lieben?

Ich höre, wie im Zelt die Musik einsetzt. Die Liedphrase „It's Istanbul, not Constantinople" schwappt durch die roten Planenwände zu mir, und das Zirkusmädchen führt die Ponys in ihr Gehege. Eigentlich ist es Zeit in die Vorstellung zurückzugehen, trotzdem bleibe ich stehen und schaue ihr dabei zu, wie sie das Gitter schließt. Ihre Bewegungen wirken jung, nur ihr Gesicht sieht aus wie das einer alten Frau, die sich zu stark geschminkt hat, um jünger zu wirken. Ich möchte sie fragen, wie lange sie die Nummer mit dem brennenden Hula-Hoop-Reifen schon macht, bin aber zu verlegen. Auch das Mädchen wirft mir nur einen zaghaften Blick zu und sagt die Namen der Ponys auf: „Neni, Sadi, Tanja und Horst." Danach greift sie in einen Kübel und drückt mir

Futter in die Hand. Eines der Ponys, es ist das weißbraun gescheckte, frisst mir den Hafer von der Handfläche, die dabei angenehm kribbelt. Das Mädchen zeigt ihre Zähne. Ich schaue auf ihren lächelnden Mund und staune darüber, dass ich für sie etwas empfinde, das ich sonst nur fühle, wenn ich mich selbst als Kind auf alten Fotos sehe. Vertraut beuge ich mich zu dem Mädchen hinunter und flüstere ihr zu, so als dürfe es außer ihr niemand erfahren, dass ich als Kind den Traum hatte, von zuhause wegzulaufen, um Pferdedompteurin zu werden. Das Mädchen tritt einen Schritt zurück, mustert mich und ich sehe ihr an, dass sie mir das nicht zutraut.

Zurück im Zelt dehnt sich eine Schlangenfrau in alle Richtungen und unsere Plätze stehen leer. Du bist nicht zurückgekommen und mich packt eine kurze Panik, dass du tatsächlich für immer weggegangen sein könntest. Hastig schiebe ich die Plane, die der Ausgang ist, zur Seite und trete wieder ins Freie, wo ich erleichtert feststelle, dass du mit den beiden Kindern schon ungeduldig auf mich wartest.

Während ich auf euch zugehe, zeigst du auf den Jungen und sagst: „Er hat sich übergeben." Ich schaue den Jungen an, wie er seinen Zuckerbauch hält, und bin mir auf einmal sicher, die Namen der Kinder doch zu wissen: Günther und Hannelore.

Hannelore hat die abwegige Angst vor einer Zuckervergiftung, von der sie nicht akzeptieren will, dass es sie nicht gibt, und möchte sofort nach Hause.

Günthers Gesicht ist bleich und er tut mir leid, wie er so dasteht, weil er mich an Wulliwu erinnert, der damals einem Brechdurchfall zum Opfer gefallen ist. Mutter hatte ihn zwar zwei-, dreimal in die Waschmaschine gegeben, aber man konnte nichts mehr für ihn tun. Es war meine Schuld.

Schweigend sind wir ins Auto gestiegen und ebenso schweigend sind wir die Strecke zu unserer Siedlung zurückgefahren, während die Stimme aus dem Lautsprecher Sätze geformt hat, die keiner von uns verstand. Nachdem wir die zwei Kinder samt ihrer Sitzerhöhungen bei sich zuhause abgeliefert hatten, habe ich nicht aufhören können, mich darüber zu wundern, dass ihre wirklichen Namen Theodor und Luisa lauten. Zwei Namen, die mir weder zu den Kindern noch zu ihrem Umfeld zu passen scheinen. Natürlich hast du erst einmal gemeint, dass ich mich hier nur eines festgefahrenen Klischees bediene, wenn ich zwei Kinder vom Land Günther und Hannelore taufe. Nachdem wir aber eine gefühlte Unendlichkeit im Auto gesessen sind und auf das Garagentor gestarrt haben, weil ich mich geweigert habe, es aufzumachen, hast du schließlich nachgegeben und gesagt, dass meine Namen besser zu den Kindern gepasst hätten.
Mit diesem kleinen Triumph aber auf einmal unnatürlich entkräftet, bin ich ausgestiegen und habe das quietschende Tor aufgezogen. Du bist mit dem Auto hineingefahren und ich habe den Horizont beobachtet, wie er ganz weit hinten mit seiner Dämmerung angefangen hat.

Jetzt stehen wir in Gummistiefeln im Halbdunkeln, der günstigsten Zeit für den Schneckenkampf, und ich zerpflücke heimlich unsere geordneten Verhältnisse. Auf einmal kann ich nicht anders als innezuhalten, um dir davon zu erzählen, dass als Kind ein Stofftier, genauer gesagt ein Shetlandpony namens Wulliwu, meine erste große Liebe gewesen ist. „Vielleicht liebe ich es bis heute mehr als alles andere", sage ich und du stehst breitbeinig über dem Blattsalat, als du erwiderst: „Das kann ich verstehen." Deine Reaktion verwundert mich und ich blicke dich fragend an, bis du deine Arbeit unterbrichst und mich ebenso eindringlich anschaust. Ich weiß nicht, ob der Augenblick jetzt dir oder mir unangenehm sein sollte. Da sagst du, dass du das verstehst, weil du als Kind immer Super-GAU gespielt hast. Im Schutz eines Deckenzelts, deiner strahlungssicheren Höhle mit Vorräten, seist du gesessen und habest das Ende der Welt abgewartet, das im Rahmen eines Nachmittags gleich mehrmals habe eintreten können, in verschiedenen Szenarien selbstverständlich. Auf deinem Gesicht zeichnet sich eine kleine Freude ab, die ich an dir so noch nie gesehen habe, dann beugst du dich wieder über den Salat und legst eine weitere Schnecke in den Kübel, in den wir beide hineinblicken und zusehen, wie sich die braunen Körper übereinander winden. „Für das, was man sich als Kind vorgestellt und erträumt hat, kann man nichts. Mehr noch, die Fantasien von damals sind doch das, was uns heute noch ausmacht", sagst du und dass ich mich dessen nicht schämen darf. Dafür, dass ich Wulliwu geliebt habe, habe ich mich auch nie geschämt. Aber dass ich mich vor ihm so gegraust habe und meine Mutter ihn wegwerfen musste, darüber kann ich bis heute nicht hinwegkommen. Ich weiß nicht, ob du das verstehen würdest, diesen Klumpen aus Schmerz in meinem Inneren, und so sage ich nichts mehr.

Für das Abendessen pule ich eine Erbse nach der anderen aus den Schoten und lege die grünen Kugeln in Fragezeichenformationen auf die Anrichte. Ich höre dich, wie du über mir durch die Regale rumpelst, du machst deine monatliche Inventur im Kinderzimmer. Statt Märchentapeten und Spielzeug befinden sich darin Regale, in denen du deine Voraussicht sortierst. Wasser. Dosenfleisch. Dosengemüse. Dosentortellini. Eine große Menge Salz, Dosenöffner. Weiters eine große Sammlung von Klopapierrollen – laut dir eines der wichtigsten Tauschmittel in einer ungewissen Zukunft.
„Die Vorräte sind besser als Kinder“, sagst du und ich sehe, dass du das tatsächlich glaubst.
Ich weiß, dass ich mich mit den Dosen über kurz oder lang anfreunden muss, denn sie sind, wie du sagst, das Kind, das wir nie haben werden, weil es diese untergehende Welt nicht verdient.

Wir schlucken unser Essen hinunter und du sagst mit deinem frei gewordenen Mund, dass du im Internet etwas über diese Shetlandpferde, an denen mir so viel liegt, gelesen habest. Interessant sei, setzt du fort, dass sie die Arbeitskraft von Kindern ersetzen mussten, nachdem Kinderarbeit verboten wurde. Du meinst, viele Tiere hätten damals als Grubenponys wie Maulwürfe unter der Erde gelebt, niemals das Tageslicht gesehen und sich damit zufrieden gegeben. Eine Erfahrung, die für dich wohl durch deine Deckenzelt-Zeiten romantisch verklärt scheint. Die Energiesparlampe über dem Tisch hat kurze Aussetzer, weil sie schon länger ein Auslaufmodell ist. Ich nehme die letzten Erbsen auf den Löffel und sage: „Shetlandponys haben sich von Anfang

an trotz ungünstigster und härtester Klima- und Bodenverhältnisse gegen ihr Aussterben durchgesetzt. Wir können nicht wissen, wie zufrieden sie damit sind, so geworden zu sein, wie wir sie jetzt kennen."
Für einen Moment scheinst du darüber nachzudenken, woher ich diesen komplex wirkenden Satz habe, gehst dann aber nicht darauf ein und antwortest knapp, dass wir uns jedenfalls überlegen sollten, uns so ein Pony als Lasten- und Nutztier zuzulegen.
Schaudernd sehe ich vor mir, wie du, ich und Wulliwu unter einer blau flackernden Sonne in Stiefeln und Gummihandschuhen als letzte Überlebende in einem Feld aus Asche mit zu Faustgröße mutierten Schnecken ringen.

Um das Gespräch zu beenden, stehe ich auf und nehme die Teller, mit denen ich in der düstersten Ecke der Küche verschwinde, von wo aus ich dir zurufe, dass heute ausnahmsweise ich die Schnecken in den Wald fahren könnte. Du wunderst dich etwas, nimmst das Angebot aber gerne an, denn du bist müde und im Fernsehen läuft gleich eine Sendung über Atompolitik.
Ich spüle die Teller und du gehst ins Wohnzimmer. Durch die offenstehende Tür sehe ich dir zu, wie du dich im Dunkeln vor den Fernseher setzt und in dich zusammensinkst. Danach gehe ich hinauf in unser Schlafzimmer und suche im Schrank nach dem schwarzen Spitzenbody, den ich früher für wichtige Termine mit meinem grauen Designer-Hosenanzug kombiniert habe. Ich schlüpfe in den Body, der etwas zu eng sitzt, und binde mir das große rot gemusterte Strandtuch um, das du mir vor Jahren in Rom nach einer Führung durch die Reste des Circus Maximus bei einem Straßenhändler gekauft hast.

Auf Zehenspitzen schleiche ich so in den Garten, hole den Schneckenkübel und verstaue ihn zusammen mit den gelben Gummistiefeln und der Taschenlampe im Kofferraum.
Beim Losfahren beginnt der Arabisch-Lehrer gerade mit Lektion elf: „Wie frage ich nach dem Weg?"

Der durchnässte Waldboden zieht die Stiefel tief in sich hinein und ich verliere bei jedem Schritt fast das Gleichgewicht. Mit der Taschenlampe in der einen und dem Kübel in der anderen Hand stolpere ich so durch das Gestrüpp.
Neben einem Rinnsal schütte ich schließlich die Schneckenkörper auf einen Haufen, drehe den Kübel um und setze mich darauf. Ich beobachte, wie sich die braunen Leiber im Schein der Lampe langsam voneinander lösen und verschiedene Wege einschlagen. Zuerst bin ich gespannt, wie die Schnecken mit der Situation, in die ich sie gebracht habe, umgehen. Doch dann werde ich traurig und immer trauriger, je weiter sie sich voneinander entfernen. Ich weiß nicht warum, aber ich hatte gehofft, auf einer der Nacktschnecken mitgenommen, auf dem kleinen, glitschigen Rücken fortgetragen zu werden.

Irgendwann sind die Batterien der Taschenlampe leer und ich fühle mich von der Nacht umzingelt. Dieses Mal gewöhnen sich meine Augen nicht an die Dunkelheit, weil sie mit anderem beschäftigt sind. Als das erste Tageslicht durch die Baumkronen dringt, stelle ich ernüchtert fest, dass keines der Tiere auf mich gewartet hat.

„Jeder verdient eine zweite Chance“, hast du gesagt, ich weiß allerdings nicht, ob du damit auch mich, uns, die Welt oder doch nur die Schnecken gemeint hast.
Steif und umständlich erhebe ich mich vom Kübel und nehme nicht den Weg, der zum Auto zurückführt, sondern gehe tiefer in den Wald. So weit, bis ich ihn durchquert habe und alle Bäume hinter mir zurückbleiben. Danach laufe ich über Felder, durch einen fremden Ort, über einen Hügel und immer weiter, bis ich irgendwann am Rand des Horizonts nur noch als Punkt zu erkennen bin, so winzig wie eine fliehende Nacktschnecke in der Dämmerung.

Wolf im Streiflicht

Wolf im Streiflicht

Ich öffne die Augen und habe einen komischen Geschmack im Mund. Eine Bitterkeit, die ich mir vom Zahnarzt als entzündeten Zahn deklarieren habe lassen: Nummer sieben links oben heißt der Beweis, dass es einen organischen und keinen psychischen Grund für dieses zehrende Gefühl in mir gibt. Das dazugehörige Zahnweh erwacht erst einen Augenblick später in mir, kündigt sich erst als zartes Stechen an, um sich dann blitzartig als Schmerz durch den Kiefer zu kämpfen, sodass ich mich im Bett zusammenkrümme und meine Wange dabei über etwas merkwürdig Kaltes streift. Alarmiert fahre ich hoch und sehe einen großen nassen Blutfleck auf dem Polsterüberzug. Ich krieche aus dem Bett, hocke mich in die Mitte meiner Einzimmerwohnung und suche nach Spuren. Der Küchenblock, die Schrankwand, das Sofa, der kleine Esstisch, wieder das Bett und schon ist der Raum voll. Als ich mir ganz sicher bin, dass das Blut auf dem Polster nur mein eigenes sein kann, beruhige ich mich und gehe ins Badezimmer, fülle die Gurgellösung bis zum Strich in den Messbecher und gurgle, bis die im Mund immer mehr aufschäumende Flüssigkeit ihre betäubende Wirkung entfaltet. Ich spucke grün ins Waschbecken und taste mit meiner gefühllosen Zunge bis zum Zentrum des Schmerzes, der außen dünn geworden ist, aber innen in der Wurzel weiterpocht. Vor dem runden Vergrößerungsspiegel reiße ich den Mund auf, schiebe die grün belegte Zunge heraus und studiere meine Zähne. Gelb und riesig wie ein Raubtiergebiss spiegeln sie sich und erinnern mich daran, dass ich in der Nacht davon träumte, das Rotkäppchen zu sein und im Wolfsbauch festzusitzen. Allein saß ich in der Finsternis und wusste nicht mehr, wie ich dorthin gekommen war. Im Dunkeln fing ich an, mich nach Bissverletzungen abzutasten, fand aber keine, und so erkundete ich schließlich mit meinen Händen die Schleimhäute des Wolfsmagens, die eine runde Höhle um mich bildeten. Feucht und warm waren sie. Auf dem Boden hatten sich Haare wie Teppichfransen ineinander verknotet, an manchen Stellen gab es auch größere Haarballen, die bequeme Sitzgelegenheiten zu sein schienen. Ich setzte mich also auf eine dieser Erhöhungen und fühlte mich augenblicklich heimisch. Zurückgelehnt lauschte ich dorthin, wo ich das Herz des Wolfs vermutete. Ein drängendes Schlagen, das mich an das Dröhnen eines Presslufthammers erinnerte, doch niemand schlug sich zu mir durch, und ich gewöhnte mich an das Geräusch, genauso wie sich auch meine Augen an die Bauchverhältnisse anzupassen begannen.

Während des Zähneputzens schaue ich mir im Spiegel lange dabei zu, bis es mir so merkwürdig vorkommt, dass ich das Licht im fensterlosen Badezimmer ausschalten muss und nur noch das Vibrieren der elektrischen Zahnbürste bleibt. Es stört mich, dass Sonntag ist und ich deswegen nicht chronisch zu spät sein kann für einen dieser Termine, zu denen ich um jeden Preis pünktlich sein müsste. Aus der Wohnung über mir höre ich die Schlurfschritte der alten Nachbarin. Seit ich ihr einmal geholfen habe, ihre ewig wiederverwendeten Plastiktaschen nach oben zu tragen, weiß ich, dass sie in den

gleichen Grundrissen wie ich lebt, wenngleich in ihrer Substandard-Version das Badezimmer nicht nachträglich zwischen Rigipswänden eingefügt worden ist. Seit ihr Mann gestorben ist, trägt sie seine, ihr viel zu großen moosgrünen Schlapfen, wahrscheinlich so lange, bis sie nicht mehr gut sind, um sie dann wie den Mann zu begraben. Sie hat ihn durch unzählige Goldfische ersetzt, die überall in der Wohnung in verschiedensten Gefäßen herumschwimmen. Wenn ich daran denke, sehe ich mich selbst in ihrer Wohnungstür stehen und auf das Goldfischglasmeer blicken, während die alte Frau unerschöpflich Fischfutter aus den Plastiktaschen holt und von ihren Babys, den Fischerln, spricht. Jeden Tag müsse sie mindestens einen von ihnen wegschmeißen, trage ihn mühevoll, wo doch so viel Wasser in ihren Beinen sei, die Treppe hinunter und werfe ihn in den Müll. Das seien ja wertlose Körper, wenn das Leben nicht mehr darin ist.
Ich höre, wie die Nachbarin über mir die Wohnungstür langsam aufdrückt, und ich weiß, jetzt befindet sie sich wieder auf ihrem schwerfälligen Leichenzug, bei dem ich ihr nicht in die Quere kommen will. Aus Abscheu vor ihrem Röcheln, wenn sie vor meiner Wohnungstür stehenbleibt und nach mir lauschend eine Pause einlegt, schalte ich den Wasserkocher ein und halte meinen Kopf aus dem Fenster in die Vormittagsluft. Vor dem Haus steht ein Baum, der alle Blätter hängen lässt und nicht, wie es die Jahreszeit vorschreiben würde, voll in Blüte und Saft steht. Im gegenüberliegenden Haus sehe ich einen Mann am Fenster rauchen. Mit seinen Augen hält er lange irgendeinen Punkt auf der Straße fest und ich versuche das Ziel seines Blickes zu finden. Die Straße

liegt jedoch unbewegt zwischen uns und nur zwei Sonntagszeitungstaschen, die widerstandslos darauf warten, bestohlen zu werden, bewegen sich im Luftzug.

In der Wolfsbauchfinsternis begann ich mich in unglaublicher Geschwindigkeit zuhause zu fühlen, selbst im Traum wunderte ich mich darüber, erklärte es mir aber dadurch, dass es sich in Wahrheit um eine so große Angst handeln musste, die sich, weil sie ohnehin nicht geholfen hätte, wie Geborgenheit anfühlte. Eine leichte Trägheit lag über allem, bis ich von einem hellen Lichtstrahl heimgesucht wurde, und obwohl er so schnell wieder verschwand wie er aufgetaucht war, war ich erneut erblindet. Bei der Ahnung, jetzt nicht mehr allein hier drinnen zu sein, gruselte es mich. In mein forschendes Abwarten hinein wurde ein Streichholz aus einer Schachtel geholt und an der Reibefläche entzündet. Eine kleine Flamme züngelte am Schwefelkopf auf. Im Licht des kleinen Feuers erkannte ich eine knochige Hand, die das Zündholz an eine Messinglampe führte und den Docht ansteckte.

Im Wasserkocher sprudelt das Wasser und ich gieße es in die Tasse. Wie der Teebeutel seine rote Farbe verliert, als wäre es Blut, ekelt mir auf einmal so sehr, dass ich den Tee in die Spüle schütte und eine herumliegende Hose anziehe, um aus der Wohnung zu flüchten. Auf der Treppe renne ich an der Nachbarin, die sich am Treppengeländer festkrallt, grußlos vorüber, stürze auf die Straße und von dort weiter, einfach fort, irgendwohin. Durch ein offenes Fenster höre ich das Klappern von Tellern, große Fleischteller bestimmt, und in meinen Ohren setzt ein deutlich vernehmbares Schmatzen ein, das nicht von außen, sondern aus mir selbst kommt und wie ein Tinnitus meine Gedanken verschlingt. Vielleicht ist diese aufsteigende Unruhe bloß Hunger, beruhige ich mich, durchsuche meine Hosentaschen und finde tatsächlich einen mehrfach zusammengefalteten Geldschein. Wenig später komme ich an einer Bäckerei vorbei, auf deren Tür groß „Sonntags geöffnet“ steht. Beim Versuch, die Glastür aufzudrücken, scheitere ich aber, denn das Geschäft ist leer, bis auf eine Glasvitrine, die mit einem weißen Tuch zugedeckt ist. Durch das Glas schaue ich auf die Vitrine, die mir immer mehr wie ein notdürftig zugedeckter Glassarg mit unklarem Inhalt erscheint. Plötzlich ist mir der Anblick unheimlich und ich muss mich abwenden. Auf der gegenüberliegenden Hausmauer lese ich in großen Buchstaben das Wort „Freiheit“. Es wurde mit verschiedenen Farben durchgestrichen und sehr viel kleiner, kaum zu lesen, hat jemand „Hackordnung“ in den Verputz gekratzt. Unter dem Schriftzug taucht ein Hund auf, ein hechelnder Mops, der gerade sein Beinchen hebt, als eine schrille Stimme nach ihm ruft. Pflichtschuldig wendet er den Kopf, senkt das Bein und läuft unverrichteter Dinge der Stimme entgegen, die zu einem kleinen, stark untersetzten Mann gehört. Ich fände es jetzt schön, ebenfalls gerufen zu werden und meinem Namen folgen zu können. Ersatzhalber gehe ich dem Hundemann nach und biege um die Ecke. Die Straße ist lang, aber leer, und ich klappere die Hauseingänge ab, die alle verschlossen sind, bis ich die offenstehende Tür eines Lokals passiere, das sich „Café Pandora“ nennt. Erwartungsvoll schaue ich hinein, es sitzt aber kein Hundeherr dort, sondern nur eine Frau mit Likörglas.

Durch die Flamme im Wolfsbauch konnte ich die Umrisse der zweiten Person sehen und erkennen, dass es sich dabei um meine Großmutter handelte, die – so schien es mir auf einmal ganz natürlich – mit mir im Wolf festzusitzen hatte. Seelenruhig stülpte sie den fragilen Glaszylinder über die Petroleumflamme und dimmte das Licht. Der Bauchraum füllte sich mit einem satten, dunkelgelben Leuchten und meine Großmutter lächelte stumm in sich hinein, bis sie unvermittelt sagte: „Was für ein Glück, dass du da bist!" Nach meinem zustimmenden Nicken war unser Gesprächsstoff bis auf Weiteres erschöpft, was auch grundsätzlich nicht störte, mich beschlich aber doch die Sorge, ob für mich eine derartige Unendlichkeit zu ertragen sein würde. Die Großmutter zog derweil einen Gugelhupf unter ihrem weiten Nachthemd hervor. Den habe sie am Wolfsmaul vorbeigeschmuggelt, flüsterte sie. Anstatt mir aber davon anzubieten, biss sie selbst beherzt hinein. Erst war ich bloß von der schieren Größe des abgebissenen Kuchenstücks überrascht, dann schockierte mich aber zutiefst, dass meine eigene Großmutter so egoistisch war und mir nichts übrig ließ, wodurch ich mich so sehr im Stich gelassen fühlte, dass ich ein heftig einsetzendes Schluchzen nicht unterdrücken konnte.

Hinter dem Café Pandora liegt ein kleiner Park, in den ich hineingehe und über den Spielplatz spaziere. Bei der Rutsche will ein kleines Mädchen mit ihrer lebensgroßen, orangehäutigen Puppe bei den älteren Kindern mitspielen und beginnt, weil es ignoriert wird, lautstark seinen Unmut kundzutun. Da ihm offenbar noch die Worte für seine Beschwerde fehlen, hilft das Gejammer nicht, schlimmer noch, die Verzweiflung wirkt sogar so niedlich, dass die größeren Kinder darüber lachen. Bei der nächsten freien Sitzbank, sie liegt halb in der Sonne und halb im Schatten, setze ich mich auf die Schattenseite, um das kleine Kind nicht allein zu lassen. Gleich rücken die Zahnschmerzen, die beim Gehen etwas nachgelassen haben, wieder in den Vordergrund und ich lege den Kopf erschöpft in die Hände, deren Innenflächen die schmerzende Wange wärmen, während ich die Augenlider mit den Fingerspitzen fest zudrücke.

Ich hatte so lange vor mich hin geheult, dass mein Seufzen und Jammern ein heftiges Bauchraumecho erzeugt hatten und es immer mühsamer wurde, weiter zu weinen. Meine Großmutter, von meinem Zusammenbruch ungerührt, arbeitete noch immer das riesige Kuchenstück in ihrem Mund ab. Durch das heftige Kauen verwandelte sich ihr Gesicht im Schlagschatten des Petroleumlichts in eine zerklüftete Gegend, deren Konturen wie durch ein Erdbeben erschüttert, immer weiter verschoben wurden. Ich suchte nach Fluchtwegen auf ihren Faltenstraßen, die sich jedoch ständig neu verzweigten, bis die Großmutter endlich den Kuchen ganz verschlungen hatte und sich zufrieden gegen die Wolfsschleimhaut lehnte.

Unterdessen hatte die Flamme der Petroleumlampe jedoch immer mehr Ruß gebildet, was den Glaszylinder schwärzte und das Licht dämpfte. Bald zogen dunkle Rauchschwaden durch die Bauchhöhle und der Wolf bekam einen Schluckauf. Wir schwankten in der Magengrube hin und her, meine Augen begannen zu brennen und die Großmutter wurde von einem heftigen

Hustenanfall geschüttelt. Sie röchelte und prustete immer schlimmer, ihr Körper schüttelte sich und ich entriss ihr die Lampe und löschte das Licht, damit nicht noch mehr Rauch aufsteigen konnte. Im Finstern hörte ich die Großmutter unverändert weiter nach Luft ringen, bis sie etwas hervorzuwürgen begann. In die unappetitliche Geräuschkulisse fragte ich immer wieder ängstlich hinein, ob alles in Ordnung sei. Statt einer Antwort spuckte die Großmutter laut aus und in ihrer Hand lag ein orange leuchtender, zappelnder Goldfisch, dessen kleinen Körper sie so fest hielt, dass sie ihn fast zerdrückte. Im dünnen Licht des Fisches erkannte ich nun wieder meine Umrisse und die meiner Großmutter und sah, dass sie den Fisch staunend dabei beobachtete, wie er im trockenen Wolfsbauch, der doch seiner Lebensweise noch mehr als der unseren widersprach, um sein Leben kämpfte und so lange darum rang, bis sein Leuchten und seine Bewegungen immer schwächer wurden und schließlich eine vollkommene Finsternis vom toten Körper abstrahlte und uns umschloss. Durch die Schwärze hindurch rief die Großmutter begeistert: „Findest du nicht auch, dass das hier ein unsägliches Glück ist?“

Ein Mann in meinem Alter taucht von mir unbemerkt auf und fragt, ob er auf der anderen Seite der Parkbank Platz nehmen dürfe. Ich nicke und er setzt sich neben mich, beachtet mich nicht weiter und hält sein bleiches Gesicht in die Sonne. Unauffällig schaue ich ihn von der Seite an. Er trägt eine für das Wetter zu dicke Kunstlederjacke und zu viel Gel im Haar. Da wendet er sich mir zu und mustert mich lange und unverstellt. Sein Blick wird mir unangenehm, ich räuspere mich und überlege,

ob ich ihm nicht besser die Bank überlassen und weitergehen soll, da rückt er ein Stück näher heran und sagt sehr leise: „Ich will nicht aufdringlich sein, aber …"
Weiter höre ich nicht zu, denn ich bin darüber, dass ich jetzt und hier tatsächlich angesprochen werde, in ein inneres Durcheinander geraten. Das „Aber" hallt in mir wider, als wäre mein Schädel innen hohl. Die Buchstaben schlagen gegeneinander, bilden neue Worte – Rabe, Bare, Baer – und ich sortiere sie endlich ins Aber zurück, während der Mann auf eine Antwort wartet, die ich nicht geben kann, weil ich seine Frage in meiner Aufregung verpasst habe. „Ich weiß nicht", antworte ich endlich und der junge Mann, dessen Gesicht mir auf einmal gefällt, schaut mich besorgt an und fragt sehr höflich, ob ich mich nicht gut fühle. Automatisch schüttle ich den Kopf und sage meinen vorbereiteten, schon oft wiederholten Zahnsatz auf, Nummer sieben und so weiter. Der junge Mann nickt verständnisvoll, zieht sich etwas zurück, und ich will aufstehen. Doch da greift er nach mir und entschuldigt sich eilig, er wisse nicht immer das Richtige zu sagen, überhaupt mangle es ihm oft an den alltäglichsten Begriffen. „Aha", sage ich, verstehe nicht ganz, bleibe aber, und der Mann stellt sich vor. „Jan."
Meinen Namen will ich ihm nicht sagen, und er fragt mich auch nicht danach. Stattdessen frage ich ihn, was er mit einem Mangel an Begriffen meine. Er antwortet nach kurzem Überlegen, dass es wohl sogar eher ein genereller Mangel sei, oder mehr noch, ein Bedürfnis nach allem. Was er sagt, verstehe ich nicht ganz, aber ich kann es nachfühlen. Auf seine Gegenfrage, ob ich oft hier sei, schüttle ich den Kopf und stelle die Frage zurück. Ihn

scheint seine eigene Frage aber zu verunsichern und ich weiß nicht, ob ich schon einen Fehler gemacht habe. Jan schweigt und sinkt leicht in sich zusammen. Im Hintergrund beginnt eine Kirchenglocke zu schlagen. Zwölf Schläge, die Jan wieder aufrichten, die Augen weit geöffnet sitzt er da. Der Moment zieht sich immer weiter in die Länge und als es wieder still ist, sagt er, er sei das letzte Mal vor über zehn Jahren hier gewesen und erst gestern Abend aus der Haft entlassen worden. „Ach so, ja dann", erwidere ich, als wäre seine Auskunft die normalste der Welt, was nicht nur mich, sondern vor allem ihn zu verwundern scheint. Nach einer kurzen Verlegenheit beginnt er, erst sehr langsam und stockend, dann aber ohne große Umwege von seinem Stiefvater zu berichten, dem er in Ermangelung anderer Lösungen mit einem gewöhnlichen Küchenmesser den Bauch aufgeschlitzt hatte, weswegen er vor zehn Jahren, mit siebzehn also, ins Gefängnis gekommen war.

Der tote Fisch in der Hand der Großmutter lieferte mich einer Hoffnungslosigkeit aus, denn der Wolfsbauch hatte ein erstes Opfer gefordert. Und auch, wenn ich mir einreden konnte, dass der Fisch aus einem anderen Bauch hervorgewürgt worden war und nur deshalb sterben musste, kurz gesagt, ich mich, solange ich im Wolf blieb, in Sicherheit befand, hatte ich Angst. Noch dazu gab es in der neuerlichen Dunkelheit keine Aussicht mehr auf Licht, denn die Großmutter hatte nur ein einziges Streichholz gehabt. Zuerst jammerte sie sehr darüber und warf mir vor, die Lampe grundlos gelöscht zu haben. Bald richtete sie sich aber in der Gewissheit ein, dass es sich auch bei totaler Finsternis immer noch um die bestmögliche aller Lagen handelte. Ihren Enthusiasmus, unser Schicksal betreffend, konnte ich nun aber ebenso wenig ertragen, vor allem je bewusster mir wurde, dass für die Großmutter die Einsamkeit der Waldhütte, von der ich mir bislang romantische Vorstellungen gemacht hatte, tatsächlich so schlimm gewesen sein musste, dass sie die Gefangenschaft im Bauch eines Tieres dem Alleinsein vorzog.

Vor Jan hatte mir noch nie jemand etwas so Fatales gestanden, und so schockierend der Inhalt seiner Schilderungen womöglich ist, bin ich doch ein bisschen aufgeregt, dass es endlich wieder ein erstes Mal in meinem Leben gibt. So kommt es mir auch auf einmal ganz ausschlaggebend vor, seine Einladung zu seinem ersten „Freiheitskaffee" anzunehmen, um mir selbst zu beweisen, dass ich noch zu Neuem, ja sogar zu selbstlosem Mut fähig bin. Jan wirkt von meiner Zustimmung richtig aufgekratzt und meint, dass er sich erst wieder daran gewöhnen müsse, jetzt nicht mehr der Straftäter zu sein, sondern ein gewöhnlicher Mensch, mit dem eine attraktive Frau einfach so einen Kaffee trinken geht. Dass er mich als „attraktive Frau" bezeichnet, gibt mir kurz das Gefühl, austauschbar zu sein, da ist er aber schon aufgestanden und losgegangen und ich füge mich in meine Rolle und folge ihm. Weil es in der Nähe liegt, schlage ich das Café Pandora vor. Wir gehen hin und Jan wirft einen prüfenden Blick ins Innere des Lokals, der ihm bestätigt, dass es nicht gut genug für den besonderen Anlass sei. Etwas verlegen meint er, es gebe ein Lokal, in dem er „vorher" immer so gern gewesen sei, und er bittet mich, mit ihm dorthin zu gehen. So laufe ich also neben

ihm her und je weiter wir von meinen normalen Wegen abkommen und an den Stadtrand vordringen, desto unwohler fühle ich mich. Auch Jan scheint meine aufsteigende Nervosität zu bemerken und erzählt weiter von seinem Stiefvater, der ein echter Unmensch gewesen sein muss, dem weder Jan noch dessen Mutter beikommen hätten können. „Anders", fügt Jan hinzu, „als mit einem Messer". Natürlich könne er an sich niemandem etwas antun. „Am wenigsten Frauen", versichert er. Trotzdem bereue er seine Tat nicht, denn sie sei notwendig gewesen, um der schrecklichen Lage, in der er sich seine halbe Jugend hindurch befunden habe, ein Ende zu setzen. Im Gefängnis habe er auch seinen Hauptschulabschluss nachholen können und eine Tischlerlehre absolviert, auf die er sehr stolz ist.
Der Gedanke, jetzt mit einem zwar nach wie vor fremden, aber doch gewöhnlichen Tischler einen Kaffee zu trinken, kommt mir auf einmal ziemlich uninteressant vor. Weil ich mich aber dafür schäme, dass ich mich für einen Mörder mehr interessiere als für einen Handwerker, unterdrücke ich die Fragen, die mich eigentlich beschäftigen, zum Beispiel, wie das ist, jemanden zu töten, und erkundige mich stattdessen ganz harmlos, wo er jetzt wohne. „Bei meiner Oma", antwortet er und sagt danach erst einmal nichts mehr.

Während mir immer klarer wurde, dass wir uns in einer fatalen Situation befanden, aus der wir uns höchstens selbst retten konnten, begann die Großmutter im Dunkeln die Haare, die auf dem Boden verstreut lagen, zu einer Wohnlandschaft umzugestalten. Ihr Gemütlichkeitswahn beunruhigte mich vor allem deshalb so sehr, weil ich ahnte, dass auch ich ab einem gewissen Punkt der Wärme und Begrenztheit des Wolfsbauchs vollends verfallen würde. Von der Großmutter auf einen bequem geformten Haarballen drapiert ging ich hektisch alle möglichen Szenarien eines Ausbruchs durch: Könnte ich die Bauchdecke des Wolfs mit aller Kraft durchbrechen oder durch Kitzeln der Schleimhäute einen Brechreiz hervorrufen? Würde mir die Großmutter eine Räuberleiter machen, sodass ich durch die Speiseröhre das Gaumenzäpfchen des Wolfs ergreifen und daran hinausklettern könnte? Wie funktionierte wohl die Peristaltik eines Wolfs, anders gesagt, konnten wir auf die Möglichkeit einer schadlosen Ausscheidung hoffen? Oder gab es vielleicht doch irgendwo einen Jäger, der sich nur verspätet hatte und jeden Moment mit seinem Jagdmesser den Wolfsbauch aufschneiden und uns aus dem toten Tierleib herausziehen würde?

Ich bleibe vor dem Schaufenster eines Allerlei-Ladens stehen und werde darin von meinem Gesicht in einem Rasierspiegel überrascht. Darunter wird ein Messerset um zehn Euro beworben und mir fällt ein, dass ich genau soviel Geld dabei habe und die Messer kaufen könnte, wenn das Geschäft nicht an Sonn- und Feiertagen geschlossen wäre. Jan hat mein Anhalten nicht gleich bemerkt und stoppt erst nach einigen Metern. So stehen wir uns gegenüber, wie zwei Duellierende, zwischen die eine kugelrunde Frau in Stilettos aus einem Haustor tritt, einen Papiersack öffnet und große Weißbrotbrocken auf den Gehsteig zwischen uns wirft. Nachdem der Sack geleert ist, knüllt die Frau ihn zusammen, macht kehrt und geht ins Haus zurück. Einige Tauben landen zwischen

dem Brot und versuchen, die viel zu großen Klumpen in die Schnäbel zu zwängen. Jan und ich schauen ihnen dabei zu und immer mehr Vögel tauchen auf. Endlich mache ich einen Schritt in den Taubentumult und auf Jan zu, doch da bemerke ich, dass in dem Haus auf der gegenüberliegenden Straßenseite alle Fensterscheiben fehlen. Mich erschreckt das so sehr, dass ich erneut nicht weitergehen kann. Jan kommt mir entgegen, die Vögel fliegen auf, und er greift nach meiner Hand. „Wir sind gleich da", sagt er, zieht mich mit sich und lässt erst los, als ich selbstständig weitergehe. Dort, wo Jan mich festgehalten hat, ist mir sonderbar kalt und Gänsehaut klettert meinen Arm hinauf und über den Rücken. Gleichzeitig spüre ich auch den Zahnschmerz wieder stärker. Unsicher, was ich eigentlich will, bleibe ich erneut hinter Jan zurück. Dieses Mal bleibt aber auch er sofort stehen und wirkt genervt.
Wie ein Stich ist der Gedanke, dass er mich jetzt satt hat und bereut, mich und nicht eine andere „attraktive Frau" im Park angesprochen zu haben. Ich frage mich, ob ich jetzt überhaupt noch mit ihm mit will. Weil ich mich aber nicht festlegen kann, was ich will oder wollen sollte, lächle ich verlegen und gehe weiter.

Das Rotkäppchen, also ich, erschauderte beim Gedanken, vom Jäger aus dem Wolfsbauch herausgeschnitten zu werden und damit das Tier zu ermorden. Was, wenn ihm damit ein Unrecht angetan würde, überlegte ich. Womöglich hatte ich ihn selbst darum gebeten, mich hinunterzuschlucken oder er hatte mit offenem Maul geschlafen und ich war ungefragt in ihn hineingekrochen. Undenkbar war das nicht und ich konnte mir, so sehr ich mich auch anstrengte, nicht und nicht in Erinnerung rufen, wie ich in diese Lage geraten war. Schließlich bat ich die Großmutter, mir die Umstände ihres Verschlungenwerdens zu schildern. Sie winkte jedoch ab und riet mir, die Realität so hinzunehmen, wie sie war und nichts zu hinterfragen oder schlimmer noch, auf Veränderungen zu hoffen, die womöglich schlechter, einsamer und noch dazu sehr viel ungewisser sein könnten.

Jan wird zunehmend schneller oder ich langsamer. Während wir so in größer werdendem Abstand weitergehen, fällt mir auf, dass die Häuser immer brüchiger zu werden scheinen. Eine zerbröckelnde Welt. Da öffnet sich auf einmal eine automatische Schiebetür und eine junge, attraktive Frau, eine wie ich also, tritt heraus. Sie trägt einen kleinen Plastiksack in der Hand, auf den ein rotes A gedruckt ist. Bevor sich die Tür schließen kann, husche ich in die Sonntagsapotheke hinein. Der Raum ist stark ausgeleuchtet und wird von einer sterilen Ordentlichkeit dominiert. Für einen Moment ist der Kontrast zu draußen so grell, als wäre ich aus einer tiefen Dunkelheit gerissen worden, was mich erneut an meinen Traum denken lässt. Während ich das Nahrungsergänzungsmittelregal studiere, versuche ich, das Märchen zu rekonstruieren, das ich schon seit meiner Kindheit nicht mehr gehört habe, kann es aber nicht mehr richtig zusammensetzen. Stattdessen tauchen Schlagworte einer Schularbeit, Märcheninterpretation, auf: Widerspruch zwischen Lust- und Realitätsprinzip, Menstruationsblut, gewalttätige Übergriffe, von den Gebrüdern Grimm abgeschwächtes Ende. Mir fällt dabei auf, dass ich mich an den Ausgang des Traums gar nicht erinnern kann. Davor, dass mir als Erstes die Möglichkeit einfällt, vor Hunger den toten Goldfisch verschlungen zu haben, graust mir. Aus dem Unbehagen formt sich ein schlechtes Gewissen, vor Jan weggelaufen zu sein, ihn allein auf der Straße stehengelassen und ihm damit das Gefühl gegeben zu haben, doch für immer ein Mörder zu bleiben. Einen Augenblick will ich meine Flucht zurücknehmen, will mich umdrehen und hinausstürmen. Im nächsten Moment macht es mich aber rasend, von Jan so weit aus dem Gewohnten hinaus verschleppt worden zu sein. Der Apotheker, der mich wohl die ganze Zeit beobachtet hat, fragt mich nun etwas ratlos, ob er mir helfen könne. Ich rattere meinen Wurzelentzündungssatz herunter, und zur Untermauerung trete ich sogar an die Theke heran und reiße meinen Mund auf, was den Apotheker nicht weiter beeindruckt. Routiniert legt er eine Schachtel mit Schmerztabletten vor mich hin und nennt eine Summe. Ich greife in meine Hosentasche, lege den Geldschein zwischen uns auf die Glasplatte und es ist kurz so, als wäre ich von Anfang an nur aus dem Haus gegangen, um Tabletten in der Sonntagsapotheke zu kaufen.

Wie in Zeitlupe verlasse ich, nun auch mit einem kleinen Plastiksack ausgestattet, das Geschäft, trete auf den Gehsteig und schaue mich vorsichtig um. Jan ist verschwunden.

Für einige Zeit stehe ich einfach so da und warte darauf, dass er vielleicht doch wieder auftaucht. Hinter mir öffnet und schließt sich die Schiebetür wie ein Maul immer wieder, bis der Apotheker herauskommt und mich bittet, etwas zur Seite zu treten. Daraufhin gehe ich noch ein Stück weit stadtauswärts, dahin, wohin Jan mich führen

wollte, bis aus einem Fenster eine Frauenstimme immer wieder ein Wort brüllt, das wie „Liška“ klingt und vom Schlagen mit einem harten Gegenstand gegen ein Rohr oder einen Heizkörper begleitet wird. Aufgeschreckt laufe ich so schnell ich kann den ganzen Weg zurück. Erst vor dem Café Pandora wage ich es, stehenzubleiben. Ich schwitze und ringe nach Luft, während mein Zahn, dem das Laufen geschadet hat, in meinem Mund aufzuplatzen scheint. Aus der Tablettenschachtel hole ich einen der zwei Blisterstreifen heraus und drücke eine rote Tablette in meine Hand. Ich schaffe es aber nicht, sie hinunterzuschlucken. Sie steckt im Rachen fest, ich würge sie auf die Zunge zurück und lutsche daran. Der Überzug schmeckt süß, doch als dieser weggeschmolzen ist, bläht sich die Tablette auf, wird bitter, und ich spucke sie angewidert auf die Straße.
Auf dem restlichen Nachhauseweg drücke ich in regelmäßigen Abständen Tabletten aus dem Blister und lasse sie fallen, bis ich vor meiner Haustür stehe und auf die dünn gesäte Spur zurückschaue, die ich bis hierher gelegt habe. Eine Fährte, von der ich weiß, dass niemand ihr folgen wird. Nicht einmal Jan wird mich suchen.
Während ich die Haustür aufsperre, sehe ich vor mir, wie die Großmutter verlassen in ihrem Waldhaus sitzt, und mir fällt ein, gelesen zu haben, dass in einem Traum jede Figur für einen selbst steht.

Es darf einfach nicht sein, dass das hier, dieses, mein Leben, schon das unsägliche Glück ist.

Ich schaue nach oben, den Himmel suchend bleibt mein Blick in der kranken Baumkrone hängen. Zwischen den dürren Zweigen taucht der Raucher von vorhin auf, und ich lasse ihn dabei zuschauen, wie ich die leeren Blisterstreifen in die Tablettenschachtel zurückschiebe und diese in den Apothekensack stecke, bevor ich durch das Tor trete.

Im dämmrigen Hausflur blinkt mir die rote Lampe der Überwachungskamera entgegen und ich finde die Vorstellung tröstlich, dass irgendwo gerade jemand sitzt und mich sieht. Ich frage mich, ob ich auf dem Monitor ein glückliches Opfer darstelle, das nur knapp einem Mörder entgangen ist, oder doch nur mich selbst, die Bewohnerin, die mit einem Plastiksack in der Hand in den Innenhof geht. Dort öffne ich die Mülltonne, aus der Verwesungsgeruch dringt. Ich schaue hinein und sehe, dass sich darin ein Haufen toter Goldfische zu zersetzen begonnen hat. Mit angehaltenem Atem versuche ich, die Fische zu zählen, stocke aber beim siebten Körper, weil ich von ihm an mein eigenes beginnendes Absterben in Form von „sieben links oben" erinnert werde. So hole ich stattdessen, so feierlich wie möglich, die Tablettenschachtel aus dem Plastiksack und reiße diesen so auseinander, dass eine möglichst große Fläche daraus entsteht. Damit bedecke ich notdürftig die Fischleichen, schließe die Tonne und gehe Stufe für Stufe die Stiege zu meiner Wohnung hinauf, deren Tür offen steht. Schon von draußen höre ich den Kühlschrank brummen, ich sperre hinter mir das Schloss doppelt zu und schalte den Strom aus. Danach ziehe ich die schweren Vorhänge zu. Durch einen schmalen, nicht zu schließenden Spalt dringt ein kleiner Lichtstreifen ins Zimmer und streift über die Bettdecke. Ich drehe den Kopfpolster um und lege mich auf den weißen Stoff. Deutlich kann ich die alte Nachbarin in ihren Schlapfen zwischen den Aquarien hin und her wandern hören. So langsam wie irgendwie möglich atme ich im Rhythmus ihrer Schritte. Auf einmal poltert es über mir und ein dumpfer, schwerer Aufprall wird von einer langen Stille abgelöst. Versteinert halte ich den Atem in meiner Lunge fest und zähle die Wimpernschläge, bis die Nachbarin weiterschlurfen wird. Doch jedes Geräusch bleibt aus, bis ich die Luft nicht mehr halten kann und die Augen schließe.

Einhundertsechzehn Abbildungen meiner selbst, interstellar

Einhundertsechzehn Abbildungen meiner selbst, interstellar

1. Ich wechsle zwischen den Nachtprogrammen hin und her. In der Werbepause des Attentats von Sarajevo umrundet das erste Lebewesen die Erde: Laika, der Hund mit dem weißen Kometenschweif im Gesicht. Pathetische Hintergrundmusik unterstützt die Dramatik in der Stimme des Sprechers, als er schildert, wie die gesamte Weltbevölkerung mitfiebert, ob das Tier lebend auf die Erde zurückkommt. Laika stirbt jedoch auf dem Weg in die Umlaufbahn an Überhitzung. Ein Schicksal, das die mittlerweile in die Jahre gekommenen russischen Weltraumingenieure mit den Abzeichen links auf der Brust immer noch erschüttert, obwohl doch nie wirklich vorgesehen war, dass der Hund den Flug überlebt. Danach folgt erneut Werbung, ich schalte auf einen dritten Kanal und reise an den Planeten des Sonnensystems vorbei. Ganz hinten im Bildhintergrund kann ich einen leuchtenden Punkt ausmachen, den die Sprecherin „Voyager" nennt.

2. Schwerelos treibe ich durch das Innere einer weißen Kapsel. Von draußen höre ich Rauschen und Rufen, panisch schlage ich mit meinen Fäusten gegen die Wände. Ich werde durch den gravitationslosen Raum geschleudert, bis mein Körper heftig aufschlägt und ich auf dem Boden zwischen Sofa und Couchtisch erwache. Der Fernseher läuft immer noch. Nachrichten: Die Waffenruhe wird nicht eingehalten, Extremisten schwören die tägliche Rache, Ölfelder brennen weiter. Mich fröstelt.

3. „Irgendwo da draußen, in den unvorstellbaren Weiten des Alls wartet intelligentes Leben auf unsere Kontaktaufnahme", sagte der Fernsehsprecher nachts bedeutungsschwer. Die NASA habe deshalb neunzehnhundertsiebenundsiebzig auf den Raumsonden Voyager 1 und 2 eine goldene Datenplatte mit fünfundfünfzig Grußbotschaften, neunzehn Geräuschen und einhundertsechzehn Bildern angebracht, um die Erde dem außerirdischen Leben vorzustellen. Ein verzweifelter Glaube, von irgendwem entdeckt zu werden, von dem ich mich anstecken lasse. Ich ziehe mit dem Daumen einen Kreis um mein Gesicht, denn der Kreis ist das erste Bild auf der Platte und dient der Kalibrierung, um alles andere entziffern zu können.

4. Durch das Dachfenster über der Badewanne versuche ich Sternschnuppen auszumachen, spiegle mich die meiste Zeit aber nur selbst nackt in der Scheibe, bis ich doch noch ein Licht entdecke, das hinter dem Glas über den Himmel kriecht. Es ist aber nur ein Flugzeug, von dem ich mir zwar auch etwas erhoffen könnte, aber ob es Wünsche erfüllt, weiß ich nicht.

5. Ich versuche mir vorzustellen, wie die beiden Voyager-Raumsonden – eine nach Süden, eine nach Norden – irgendwo da oben im Kosmos dahinjagen. Ihre Antennen sind stets auf die Erde gerichtet, doch die galaktischen Kräfte drängen sie immer weiter hinaus in den unbekannten, interstellaren Raum, in dem zwischen dem wenigen Vorhandenen so große Abstände liegen, dass man von einem Nichts sprechen kann.

6. Beim Abendessen fallen dir die zu großen Salatblätter immer wieder von der Gabel, was dich nervt, weil du wohl insgesamt einen umständlichen Tag hattest. Anstatt nachzufragen, was passiert ist, zähle ich für mich selbst noch einmal auf, mit welchen Mitteln die Menschheit schon versucht hat, Kontakt zu extraterrestrischen Wesen aufzunehmen: „Flaschenpost" auf Sonden und Satelliten, Filme, die ins All ausgestrahlt wurden, und starke Radiowellen, mit denen man Nachrichten an Sternhaufen gesendet hat. Von Anfang an wurde aber der Weltraum die meiste Zeit vor allem belauscht. Bisher hat man jedoch bloß irrtümlich schnell rotierende Neutronensterne und von Weltraumschrott reflektierte Erdgeräusche mit Lebenszeichen verwechselt.

7. Ich kann nicht sagen, ob ich wie eine Gejagte durch die nächtliche Stadt laufe, weil ich betrunken bin oder weil ich mich so fühle, als würde ich mich langsam von innen heraus auflösen. Sicher ist, dass ich mich verlaufen habe und ich klopfe an alle Haustüren, die verschlossen bleiben, sodass ich anfange, an den Türgriffen der geparkten Autos zu rütteln. Doch auch die Alarmanlagen weigern sich, die schwarze Stille für mich zu durchbrechen.

8. Wegen der plötzlich auftretenden Erschöpfungsgefühle lasse ich meine Schilddrüse untersuchen. „Mangel" lautet der medizinische Befund. Die unscharfe Ultraschallaufnahme in meinen Händen könnte aber genauso beweisen, dass sich in meinem Rachen ein Mond versteckt hält.

9. Ich addiere alle meine Lebensjahre, vervielfache sie in Monate und dann in Tage und Lebensstunden, damit die Summe so weit in die Höhe schießt, dass sie einer Strickleiter gleicht, auf der ich der Atmosphäre entgegenklettern kann. Schwankend hänge ich zwischen Boden und Wolken fest, halte die Luft an und rechne die Zahl der Sekunden hinzu. Es sind neunhundertfünfzig Millionen und sie reichen doch nicht, um bis nach ganz oben zu gelangen und zu entkommen.

10. Mit einem Feldstecher suche ich den Himmel nach dem prognostizierten Asteroidenschauer ab. Reihenfolge der Wünsche: Nie wieder Schmerzen. Keine Kriege. Lottogewinn.

11. Wenn die nächtlichen Fernsehreportagen nicht lügen, dann wird die Sonne sterben und sich in ihrem Sterben immer weiter ausdehnen, bis sie die Erde verschlingt. Dann ist das Letzte, was von all diesen Dingen hier unten zeugt, eine goldene Schallplatte, irgendwo im Nichts, und nichts auf ihr, kein Partikel, kein Pixel wird von mir erzählen.

12. Im heutigen Horoskop steht: „Wenn Sie jetzt aufgeben, haben Sie schon gewonnen."

13. Der Atlas liegt aufgeschlagen vor mir auf dem Tisch und zeigt den pazifischen Ozean. Ich wandere mit meinen Fingern die unbekannten Küsten entlang, als plötzlich schmutziges Salzwasser über die Tischplatte schwappt und sich schaumige Wellen auf dem Fußboden bilden, die aus den Büchern und Schubladen die

Notizen und Worte der letzten Jahre und Jahrhunderte herausschwemmen, um sie zwischen Plastikmüll und toten Fischen in der Gischt aufzulösen.

14. In der Arbeit türmen sich die Aufgaben um mich. Vierundzwanzig Projekte in acht Stunden täglich. Egal, wie oft ich die Stapel am Schreibtisch hin und her ordne, es werden nicht weniger, und der Teebeutel zieht schon wieder eine Stunde und elf Minuten zu lange. Der Tee ist bitter und kalt, als ich ihn trinke. Aber er schmeckt nach Freiheit, weil er hier das einzige ist, das ich so weit von mir wegschieben kann, wie ich will.

15. Von dort oben, zwischen den in den Himmel gehängten Sternen hindurch, reist das Licht aus der Vergangenheit zu mir und gibt sich für meine Augen als Gegenwart aus. Ich versuche, die Sterne also nicht mehr wie Sterne anzuschauen, sondern wie Erinnerungen an sie. Sie verändern sich dadurch jedoch nicht und ich denke, dass es sich mit den Bildern und Tönen dort oben auf den Sonden wohl genauso verhält. Jemand wird sie finden und nach unserer vollständigen Auslöschung nicht als längst Vergangenes verstehen, sondern als Wirklichkeit.

16. Das Pulver, das beim Aufwachen hilft, braucht eine Viertelstunde im Wasser, um seine Wirkung zu entfalten. In der Zwischenzeit lege ich die Tabletten bereit. Die erste nehme ich ganz, die zweite halb, die dritte nur bei Bedarf. „Prävention“, nennt das die Fachsprache. Ich aber schlucke alle drei gegen die Auflösung.

17. Weil ich nicht schlafen kann, höre ich mir Grußbotschaften der Voyager an das außerirdische Leben an. Bei der russischen Nachricht – *zdravstvuyte* – fällt mir meine sechsfache Matroschka wieder ein, die mir mein Vater von einer seiner Geschäftsreisen, gemeinsam mit zwei Wörtern, die er sich merken konnte, mitgebracht hatte: „Hallo“ – *zdravstvuyte* – und „Hammer“ – *molotok*. Mit diesen zwei Begriffen und einem Volk aus sechs hohlen Holzfiguren spielte ich die sonderbare Welt hinter einem eisernen Vorhang nach. Unbewohnt stellte ich sie mir vor, dunkel und voller Landschaften wie auf dem Mond.

18. Du schenkst mir einen Bildband: Aufnahmen der Voyager. Ich schlage das Buch auf, es sind nicht die einhundertsechzehn Fotos der Erde darin, sondern Bilder, welche die Sonden während ihrer Reise vom Weltraum gemacht haben. Gemeinsam staunen wir über die gestochen scharfen Aufnahmen der äußeren Planeten, die Datenzeile für Datenzeile abgetastet, per Funk übertragen worden und dadurch nicht bloß eine Computerrekonstruktion, sondern echt sind.

19. Die Wahrheit ist doch: Ich bin gar nicht da.

20. Mein E-Mail-Account wird von Nachrichten überschwemmt, die mir in unterschiedlichen Varianten ein besseres Leben versprechen. Vielleicht aus der Hoffnung heraus, dass es hinter den Rechtschreib- und Grammatikfehlern oder zwischen den Superlativen tatsächlich eine Welt gibt, in der alles so einfach zu bekommen und zu verändern ist, lese ich sie immer. Und – obwohl täglich neue nachkommen – archiviere ich sie gewissenhaft.

21. „Erinnern heißt sich erfinden“ steht in meiner Handschrift auf einem rosaroten Post-it, das ich beim Putzen hinter der Waschmaschine entdecke. Ich kann mich nicht daran erinnern, diesen Satz schon einmal gehört oder notiert zu haben.

22. Ich sammle Beweise für meine Existenz: Meine Geburtsurkunde, meinen Staatsbürgerschaftsnachweis, meinen Meldezettel. Die Sozialversicherungsnummer auf der Plastikkarte. Meinen Vornamen, eingraviert in die erste Füllfeder, mit der ich die Schreibschrift ge- und später verlernt habe.

23. An der U-Bahn-Station lege ich einem Mann, der statt Schuhen Plastiksäcke trägt, zwei Fünfzig-Cent-Stücke in die Hand, schaue auf die beiden Münzen, die kaum einen Wert haben, und muss an die goldenen Datenschallplatten denken, die da draußen irgendwo so tun, als stünden sie für alles, was es hier unten gibt. So jemanden wie diesen Mann führen sie allerdings nicht mit sich – und mich ebenso wenig.

24. Meine Hand sucht im Staubsaugerbeutel nach dem eingesaugten Ohrring. Der Staub zwischen den Fingern ist die verlorene Zeit, denke ich, unsere abgestorbenen Körperzellen und Wortwechsel. Da ertaste ich etwas sonderbar Spitzes. Vorsichtig ziehe ich den Gegenstand durch die kleine Beutelöffnung und halte einen Strohstern in der Hand, dessen Herkunft mir, die ich seit Jahren keinen Christbaum mehr hatte, unerklärlich bleibt.

25. Ich schleiche ins Schlafzimmer, ohne das Licht aufzudrehen. Dort steht das Bett unter der Dachschräge, in dem du tief schläfst. Statt meines Kopfes befindet sich dein Laptop auf meinem Kissen und spielt ein Internetvideo ab. Mir fällt auf, wie grau und eingefallen dein Gesicht im Licht des Displays wirkt, und als ich realisiere, dass es in dem Video um die ältesten Menschen der Welt geht, erschrecke ich über den Gedanken, dass du während meiner Abwesenheit schlagartig gealtert sein könntest. Hastig klettere ich ins Bett, um den Laptop zuzuklappen. Da höre ich im letzten Moment, dass die älteste lebende Frau einhundertsechzehn Jahre alt ist, und du bist vorerst gerettet.

26. In einer Schachtel finde ich den Gipsabdruck meiner fünfjährigen Hand und bemerke, dass der Abdruck nicht bloß die Hand konserviert hat, sondern auch deren Bewegung. So als hätte ich versucht, mir durch den Gips zuzuwinken.

27. Die Weltraumtouristin sagt in einem Interview, dass die Menschheit für die Zeit, in der das Leben auf der Erde unmöglich geworden sein wird, eine Exit-Strategie brauche. Einen Plan B, um durch eine sorgfältig ausgewählte Delegation die Spezies Mensch in die Zukunft einer Raumstation hinüberzuretten. Sie stelle sich jedenfalls zur Verfügung und hoffe auf weitere Pioniere, die es ihr gleichtun.

28. Auf einmal bin ich nicht mehr sicher, ob du mich noch liebst. Anstatt dich aber einfach zu fragen, sage ich, dass es vielleicht mit der Zeit immer notwendiger werde, allem Wichtigen einen Namen zu geben, damit es auch tatsächlich existiert. Du steigst jedoch nicht darauf ein, schüttelst den Kopf und erwiderst, dass du gar nicht die Zeit hättest, für all das, was es gibt, eine Benennung zu finden, denn das Sprechen würde dadurch so viel Raum einnehmen, dass das Leben schon rein logistisch hinter den Worten zurückbleiben müsste.

29. Die neuen Teller sind in Zeitungspapier gewickelt, um nicht zu zerbrechen. Ich packe sie aus, stelle sie in den Schrank und streiche die Zeitungsseiten glatt. Eine stammt aus dem Dezember zweitausenddreizehn. In einem schwarz umrandeten Textfeld lese ich die Meldung, dass die Raumsonden Voyager 1 und 2 die Blasenwand unseres Sonnensystems durchstoßen und die Sonnenwinde endlich hinter sich gebracht haben. Nun liege der interstellare Raum vor ihnen. Ein Ort, der für die Menschen verborgen bleibt, weil die Sonden nicht mehr die Energiereserven haben, um dieses – wie vermutet wird – finstere Nichts sichtbar zu machen.

30. Als Kind versuchte ich, mit einer Gartenschaufel zum Erdmittelpunkt vorzudringen. Der Garten hinter dem Haus war voll kleiner Löcher, da ich meist schon nach wenigen Zentimetern an große Steine geriet, durch die ich mit meinem kleinen Werkzeug nicht hindurch kam. Ziemlich schnell passte ich so meine Erwartungen an und suchte den Mittelpunkt nicht mehr im Boden, sondern überall dort, wo er für mich gut zu erreichen war.

31. Die Hoffnung stirbt zuletzt, heißt es. Aber dass sie stirbt, ist sicher.

32. Weil ich ein Bild von mir bei der Arbeit machen will, schießt die Webcam im Fünf-Minuten-Takt Fotos. Eines soll es sein, wie jene von den einhundertsechzehn, die von arbeitenden Menschen gemacht und ins All geschickt wurden. Doch jede meiner abgebildeten Handlungen wirkt belanglos und so werden die Fotos nicht zur Repräsentation meiner Bedeutung in der Welt, sondern vielmehr zur Bestätigung, dass weder ich noch meine Aufgabe eine Reichweite haben, die über meinen Schreibtisch hinausgeht.

33. Mit beiden Händen zähle ich auf. Menschen, die ich wirklich liebe: zehn. Menschen, die ich wirklich hasse: drei. Weltbevölkerung gesamt: etwa sieben Milliarden.

34. Ich sitze konzentriert vor einem karierten Heft, bis du mich fragst, warum ich so ein strenges Gesicht mache. „Das ist ein Geheimnis", sage ich. Ich finde es aber zu aufregend, um nicht gleich zu verraten, dass ich eine neue Sprache zu erfinden gedenke. Eine, die nicht nur Bebilderung und Beschriftung ist, sondern über alles hinausreicht, was wir uns vorstellen können. Ich sage, jeder Buchstabe ist darin ein Gefühl und jedes Wort eine Welt. Und am Ende eines Satzes ist alles und mehr gesagt, als jemals jemand für möglich gehalten hätte. Du kneifst zweifelnd die Augen zusammen und schaust über meine Schulter auf das Blatt. Deine Lippen bewegen sich mit den Zeichen und schließlich sagen sie: „Ist aber bis jetzt noch relativ eindeutig."

35. Blind wandere ich in der Wohnung umher, die mir so groß erscheint wie das ganze Universum. Die Arme ausgestreckt, taste ich mich vorsichtig mit den Füßen vor, Schritt für Schritt umschiffe ich Hindernisse, erfühle mit den Händen die Oberflächen und katalogisiere sie als Teile meiner ganz eigenen Terra Incognita. Im Flur wird mein Kosmos plötzlich so eng und unübersichtlich, dass ich mich nur noch auf der Stelle drehen kann, bis ich in einen so heftigen Schwindel gerate, der mir das Gefühl gibt, dass mir da draußen, außerhalb meiner inneren Rotationsbewegung, nichts mehr etwas anhaben kann.

36. Beim Besuch bei meinen Eltern sitzen wir zu dritt, jeder für sich schweigend vor einer Zeitung. Nach einiger Zeit schaut meine Mutter auf, sagt etwas und lacht. Mein Vater lacht ebenfalls, nur ich verstehe den Sinn des Gesagten nicht, weil es eine Redewendung aus der Welt meiner Eltern ist, aus der Zeit, in der sie jung waren und es mich noch nicht gab. Verlegen schaue ich wieder in die Lokalzeitung vor mir und lenke mit der nächsten Schlagzeile ab: „Die Diebe stahlen sogar die selbst getöpferte Sonnenuhr aus dem Vorgarten."

37. Mit meiner eingegipsten Hand decke ich das Röntgenbild des gebrochenen Mittelhandknochens ab und zeichne mit einem Filzstift den Weg des Schmerzes nach. Zuerst male ich Sterne auf den Gips, danach auf den Unterarm, den Ellbogen, den Oberarm, die Schulter, den Hals und zuletzt auf die Augen.

38. Wir stehen auf dem höchsten Punkt des Berges. Du kundschaftest durch den Feldstecher die Wege zu allen anderen Gipfeln aus, die wir als nächstes bezwingen werden, während ich die Dose am Gipfelkreuz öffne und das Gipfelbuch heraushole. Es ist aber unmöglich, unser Hiersein darin festzuhalten, weil die Seiten bereits mit Daten und Botschaften, Namen und Liebeserklärungen vollgeschrieben sind. Darüber wurden zudem in der immer gleichen, ungelenken Schreibschrift unzählige Stoßgebete gekritzelt.

39. Vorsichtig öffne ich erneut den Atlas und sofort drängen abgetrennte Extremitäten heraus. Schockiert schlage ich das Buch zu. Aus seinem Inneren höre ich jedoch weiterhin deutlich ein Rattern, die Seiten zwischen den Buchdeckeln beginnen zu lodern, Rauch steigt auf. Ich huste und weiß nicht, wohin damit.

40. Aus einem Fenster des Hauses gegenüber werfen zwei Kinder Cornflakes auf ein drittes, das barfuß auf dem Gehsteig steht, weil seine Schuhe und seine Jacke ausgezogen auf dem Boden neben ihm liegen, und rufen im Chor: „Die Sterntaler kommen." Das Kind auf der Straße versucht, die Flocken zu fangen, während den Kindern im Fenster das händeweise Werfen zu mühsam wird, sodass sie die ganze Schachtel auf einmal ausschütten. Unvermittelt halten sie inne, blicken erschrocken ins Innere des Zimmers und scheinen sich vor jemandem für mich nicht Sichtbaren rechtfertigen zu müssen, während das dritte Kind die auf den Boden gefallenen Sterne lachend zertritt.

41. Auf die Frage, welche Beschwerden ich hätte, sage ich, dass ich oft so erschöpft sei, dass ich sogar im Schlaf davon träume, todmüde zu sein. In diesen

Träumen könne ich mich vor Schwere nicht mehr bewegen und wachse mit den verschiedensten Gegenständen zusammen. In anderen Traumsplittern tauche ich deshalb auch als Jahrmarktsattraktion auf, beispielsweise als lebende Rakete oder als Menschenmatratze. Der Arzt kann darin keine ungewöhnlichen Symptome erkennen, sticht aber zur Sicherheit eine Nadel in meine Vene und füllt das sonderbar schäumende Blut in vier Röhrchen.

42. Ich zähle die Bücher in unserem Bücherregal, die hintereinander gedrängt in drei Reihen auf den Brettern stehen. Schon bei der ersten Reihe verzähle ich mich und stelle mir nach mehrmaligem Scheitern die Aufgabe neu. Nur noch jene Bücher haben einen Anspruch auf Zählung, deren Inhalt auf einer Reise ins All nützlich sein könnte. Lange studiere ich die Titel auf den Buchrücken, zerblase den Staub und höre bei Null auf zu zählen.

43. Ein Sternbild: Hinter einer Fensterfront sitzen in einem Büro vier dicke Männer zwischen Bergen weggeworfener Zettel. Sie tragen zerknitterte Hemden und starren in merkwürdigen Denkerposen in eine auf der Zimmerdecke nicht vorhandene Ferne. Ich schaue sie durch die Scheibe an und erkenne in ihrer Konstellation das Kreuz des Südens inmitten der Milchstraße wieder.

44. Heute habe ich wieder lange in den Tag hinein geschlafen, damit sich meine unnützen Gedanken halbieren. Doch die Gedanken weigern sich, Abstriche zu machen und formieren sich im Schlaf zu Nachdruck.

45. Seit Neuestem gehe ich jeden Tag mit Kopfhörern den Weg zur Arbeit und fünfundfünfzig Sprachen grüßen mich anstelle des eigentlich gemeinten, außerirdischen Adressaten. Leise spreche ich die Sätze nach, ohne ihre Inhalte zu verstehen. „Adannish lu shulmu." Oder: „Salutari la toata lumea." Oder: „Kay pachamanta pitapas maytapas rimapayastin, runa simipi." Oder: „Sayin Türkçe bilen arkadaslarimiz, sabah serifleriniz hayrolsun!" Und so fort.

46. Angeblich hatte ich als Kind schreckliche Angst davor, durch mein Auftreten auf den Boden Insekten, Käfer und Kleintiere zu zerdrücken. Um die unbegründete Furcht zu bekämpfen, nahmen mich meine Eltern mit in den Wald. Dort hätte ich mich aber nicht nur geweigert, auch nur einen Schritt zu gehen, sondern geschrien, geweint und hätte schließlich, als ich an der Hand nachgezerrt wurde, angefangen, mich bei allen Tieren einzeln für ihre Ermordung zu entschuldigen.

47. Ich stelle mir eine wabernde Masse von Menschen vor, die durch das All treibt. Auf der Flucht vor dem eigenen Untergang, mit der knappen Luft und den Lebensmittelreserven, die abgezählt sind auf so und so viele Jahre und Leben, getaktet auf die Hoffnung nach einem neuen Planeten, der allerdings erst einmal entstehen müsste.

48. Zwischen den parkenden Autos in unserer Straße liegt ein toter Fuchs, auf dem Fliegen landen und abheben wie auf einem Flugfeld. Das Tier hat seitlich im Kopf ein Einschussloch, als hätte es sich wie ein Selbstmörder filmreif umgebracht.

49. Mit Lippenstift schreibe ich „Wir waren verliebt“ auf die Fliesenwand in der Küche. Als du nach Hause kommst, bitte ich dich, mir vorzulesen, was an der Wand steht. Irritiert liest du: „Wir waren verliebt.“ Ich lache und sage, darin bestehe der Unterschied zwischen uns, denn mein Vokabular sei ein vollkommen anderes als deines. Zweifellos stehe an der Wand „Wir waren verliebt“, aber ebenso stehe dort: „Ich habe das Zittern meiner Hand am gerissenen Wolframfaden in der alten Glühbirne gesehen, aber nichts gesagt, weil du die Leiter, auf der ich stand, so fest gehalten hast.“ Oder: „Wir wachen und schlafen Schulter an Schulter, Knie an Knie.“ Oder: „Wir haben von den Bergrücken unsere Namen gerufen, bis das Echo unsere Stimmen miteinander verschmolzen hat.“ Und immer, egal was passiert, steht da außerdem: „Wir haben die Schwerkraft zerschnitten – weißt du noch? – so unerschöpflich, bis nur noch Konfetti davon übrig geblieben ist, das wir uns so lange über unsere Köpfe geworfen haben, bis auch wir selbst in unsere Einzelteile zerfallen sind und uns im Wurf neu zusammengesetzt haben. Du und ich, ein Wir, das ineinander verschlungen durch eine Luft wirbelt, in der wir verliebt waren, nur um uns beim nächsten Atemzug neu zu verlieben.“

50. Schon immer waren meine mausgrauen Fäustlinge mit einem durch die Mantelärmel hindurch laufenden Faden miteinander verbunden, damit ich sie niemals verlieren kann. Wie gestrickte Schatten baumeln sie von klein auf unter meinen Händen, und ich verstehe nicht, warum die Finger es auf einmal nicht mehr zu ertragen scheinen, in ihnen aneinandergedrückt zu stecken.

51. Es gibt Dinge, die ich schon immer von vornherein gehasst habe, gerade weil sie angeblich dazugehören: Skifahren beispielsweise, Volkstanz oder die Moral von der Geschichte.

52. Gegen die Versteinerung scrolle ich in der Arbeit mit der Computermaus durch das Dokument, in dem ich die einhundertsechzehn Bilder abgespeichert habe, die mit zweiundsechzigtausend km/h durchs All jagen. Auf meinem Monitor erscheint mir jede der Abbildungen mit einem Mal wie der Beleg eines inhumanen Drangs, alles Unschöne an den Rand zu schieben und darüber hinwegstürzen zu lassen. Ich lösche daraufhin jede der einhundertsechzehn Aufnahmen, vom ersten Bild des Kreises bis zum letzten Bild einer Notenseite. Auf die nun strahlend weiße Bildschirmfläche schreibe ich in großen Buchstaben meinen Namen.

53. Je mehr Worte nötig sind, um sich selbst und die ausfransende Welt um einen herum zusammenzuhalten, umso stiller und wortkarger wird man. Selbst das Herz schlägt irgendwann bloß noch einsilbig.

54. Sich selbst nicht aus den Augen zu verlieren, jeden Tag aufs Neue, das ist das Schwierigste, denke ich, während ich im Bus sitze und die anderen Fahrgäste mustere. Beim Aussteigen steht ihnen allen eine Richtung ins Gesicht geschrieben und egal, ob sie es leicht haben hinauszukommen oder mit alten Körpern schwerfällig den Bus verlassen, ich sehe ihnen an, dass sie ein Ziel haben, das ihnen alles erträglich macht.

55. Wunden: Zweimal auf die Herdplatte gegriffen, einmal die Hand gebrochen, mit dem Kopf zuerst vom Fahrrad gefallen, in die Brennnesseln gestolpert, ein Schleudertrauma am Beifahrersitz, gegen eine Glastür gerannt, eine Zehe immer wieder im Dunkeln am Bettpfosten blutig geschlagen, ein Sturz von einer Bierbank.

56. Ich stehe im Museum vor einer Fotografie der Himmelsscheibe von Nebra, die – wie mir ein anderer Museumsbesucher ungefragt erklärt – nicht einfach so herumreisen könne, weil sie zu wertvoll sei. Dreitausendsechshundert Jahre sei sie alt, sagt er, und die bislang älteste Darstellung des Universums. Eine Botschaft einer schriftlosen Zivilisation, fährt er fort, die von ihren Urhebern erzählen wolle. Das Problem daran sei, dass die Wissenschaft nicht entschlüsseln könne, was man mit den zweiunddreißig Sternen, den zwei Horizontbögen, der Sonne, dem Mond und einem sonderbaren Schiff auf der Scheibe eigentlich sagen habe wollen.

57. Viel zu laut, sodass ich es zwei Tische weiter auch noch mit anhören muss, verkündet ein Restaurantgast über ein Brathuhn hinweg, dass er – außer Schlachten – mittlerweile alles selbst mache: Strick- und Teigwaren, Joghurt, die Steuererklärung sowie natürlich Sterndeutung.

58. Den ganzen Nachmittag beobachte ich einen Sonnenstrahl, der über Stunden geduldig die Wand entlang klettert und immer nur einen kleinen Punkt für sich beansprucht, bis er beim vergrößerten Foto im Hinterglasrahmen ankommt, das ich bei einer unserer Reisen vom Sonnenuntergang über dem Meer gemacht habe. Unnatürlich lange verweilt das Licht auf dem orangefarbenen Halbrund der Sonne, als würde es sich selbst betrachten, um schließlich in sich zu verschwinden.

59. Beim Klassentreffen ergreifen nur die das Wort, deren Leben angeblich nach Plan verlaufen ist. Wie ein Aasgeier warte ich darauf, dass ihre Fassaden proportional zum Alkoholkonsum sukzessive einstürzen. Als es dann aber tatsächlich soweit ist, trifft mich die Bestätigung, dass das Horten von Familienmitgliedern und Besitztümern in Eigenheimen wirklich nicht zum Glücklichsein ausreicht, unerwartet hart.

60. Manchmal zersägen mir die unausgesprochenen Wahrheiten, die ebenso gut verkleidete Lügen sein könnten, den Kopf, und der Schmerz drängt aus den Augen und die Wangen hinunter, tropft auf den Boden und ätzt dort Löcher hinein, in die zu fallen mir das Genick brechen würde.

61. Eines Morgens fragst du mich, was ich eigentlich tue, wenn du schläfst und ich nicht schlafen kann. Ich sage: „Wenn du schläfst, dann baue ich eine Rakete." Du lachst und schüttelst den Kopf. Ich aber meine es ernst und zähle still die fertigen Teile. Es sind einundsechzig.

62. Auf dem Amt ziehe ich aus dem Automaten einen Zettel mit einer Nummer. Sie hat drei Stellen und ich schaue irritiert auf die Gruppe der Wartenden, die auf den niedrigen Plastikstühlen wie auf Kirchenbänken kauern und ein Wunder erhoffen. „Drei zwei eins" ist die Zahl, für die kein Sessel mehr zur Verfügung steht. Unschlüssig stehe ich einige Zeit vor dem Aufrufsystem, entschließe mich dann aber zu gehen. Als ich draußen die Wartemarke in den nächsten Mistkübel werfen will, steht ein Mann davor, der aggressiv einen Schritt auf mich zu macht. Wie eine Friedensfahne halte ich ihm meinen rosaroten Abriss hin. Er nimmt mir den Zettel aus der Hand, schaut ihn nachdenklich an – drei zwei eins – und kehrt damit an meiner Stelle ins Amtsgebäude zurück.

63. „Dunkle Materie ist ein kosmologischer Begriff, postuliert, um diverse Phänomene im Universum zu erklären." Diesen Satz habe ich aus einem Magazin abgeschrieben und ich wiederhole ihn vor dem Spiegel, bis ich ihn denke, ohne mich an ihn erinnern zu müssen. Dabei suche ich in meinem Spiegelbild nach Fehlern in der Brechung des Lichts oder anderen Indizien, an denen angeblich diese bislang unbewiesene Materie zu erahnen ist. Spiegelverkehrt stehe ich vor mir, existiere unberührt von diesem unsichtbaren Stoff, der mich trotzdem durchdringt, ebenso wie die Blätter der Pflanze, das Fenster, das Bett, die Wände, den Boden, das Dach. Nur meine Gefühle nicht.

64. Im Schaufenster eines Geschäfts lehnt ein Schild, auf dem steht: „Glück ist kein Ziel, sondern der einzige Weg." Verärgert darüber, dass es jetzt schon salonfähig wird, das Leben dekorativ mit Sinnsprüchen kleinzuhalten, gehe ich in den Laden, kaufe das Schild und zertrete es an der nächsten Ecke.

65. Der Radiowecker reißt uns wieder einmal mit Aufzählungen aus dem Schlaf: achtundzwanzig Zivilisten, drei Soldaten. Eine Messerstecherei in der Fußgängerzone, ein Fünfjähriger fällt aus dem neunten Stock. Eine zwanzig Meter hohe Flutwelle überschwemmt über Nacht drei Inseln, nach ersten Schätzungen müsse man von vierzehntausend Opfern ausgehen. Die Höchstwerte liegen bei zweiunddreißig Grad, das Wetter weiter wolkenlos.

66. Eine schwarz gekleidete Frau steht vor der Bäckerei. Sie trägt ein Kopftuch tief ins Gesicht gebunden, sodass man nur ihre Nase und ihren Mund richtig erkennen kann. Vor der Brust hält sie eine sorgfältig laminierte Fotografie, auf der sie selbst, in ihrem schwarzen Kleid, das Kopftuch tief ins Gesicht gezogen, zu sehen ist. Sie steht neben einem mit Häkeldecken ausgelegten Sarg, in dem ein Mann mit geschlossenen Augen liegt, dessen Hände gefaltet sind. Ich schaue von den Händen des Mannes auf die der Frau, die das Foto halten, und schließlich auf meine eigenen mit dem Frühstücksbrot in der Papiertüte. Für einen kurzen Moment verschmelzen sie alle miteinander.

67. Du wachst nachts auf und erzählst zwischen Schlaf und Schlaf, dass du als Kind zu Neptun gereist seist. „Ein freundlicher Planet, strahlend blau und die Bäume voller Fische", sagst du. Ich staune darüber, wie sicher du dir bist und glaube dir, obwohl du dich am nächsten Tag nicht mehr daran erinnern kannst.

68. Es heißt, mit Zahlen komme man überall durch, auch im Universum, denn Mathematik sei die Sprache der Natur, in der unwiderlegbare Wahrheiten am Werk seien. Ich kann dieser Natur aber kein Wort mehr glauben, irgendwer hat ihr doch schon längst die Zunge herausgeschnitten, unter ein Mikroskop gespannt und Unstimmigkeiten hineinoperiert.

69. Bei einer Werksführung stehe ich neben dem Fließband und schaue zu, wie Menschen in Latzhosen ihre Handgriffe tun. Es sind immer wieder die exakt gleichen Bewegungen, nur der Gegenstand, an dem sie ausgeführt werden, ist ein anderer. Während die Werkstücke schon längst auf Reisen sind und Ozeane und Länder überqueren, stehen die Arbeiter morgen, übermorgen und vielleicht in zwanzig Jahren immer noch an dieser Stelle zwischen den lauten Maschinen. Dort, wo Sprechen nicht vorgesehen ist und eine Schwere auf den Raum drückt, durch die sich alles mit der Zeit beige zu färben scheint. Der Plastikboden, die Containerwände, das Fließband, die Farbe der Haut, die Arbeitsbekleidung. Sogar die einzige Topfpflanze, die in einem Kübel, wahrscheinlich unerlaubt, zwischen die Maschinen gequetscht steht, hat die grüne Farbe der Blätter abgegeben. „Produktivitätseinbruchs-Patina" werde ich später an der frischen Luft dazu sagen.

70. Wir sitzen abends schweigend vor dem Fernseher, jeder sein leuchtendes Tablet vor sich. Irgendwann frage ich dich etwas, du blickst verwirrt auf, hast mir nicht zugehört und liest weiter. Ersatzweise stelle ich dem Internet Fragen, das sofort und präzise Auskunft erteilt. Es existieren zehn Trilliarden Sterne. Die Raumsonde Voyager 1 ist siebzehn Lichtstunden von der Erde entfernt, die Sonne acht Komma drei Lichtminuten, der Mond ein Komma drei Lichtsekunden. Bei der Suche nach den Begriffen „Gesprächsthemen Beziehung" erhalte ich in null Komma dreiunddreißig Sekunden dreiundfünfzigtausend Ergebnisse. Nichts davon ist eine Antwort.

71. Die Titelseite der U-Bahn-Zeitung kündigt an, dass die Sonne alle ihre Heliumvorräte bald verbraucht haben und dadurch zu einem sogenannten Roten Riesen anschwellen und alles mit sich in den Untergang reißen werde. Beim Umsteigen entdecke ich in der Station einen roten Heliumballon, der sich gegen die hohe Decke drückt. Er wird vom Luftzug der ein- und ausfahrenden Züge hin und her gejagt und ich beobachte ihn genau.

72. In das Holz einer Vitrine im Naturkundemuseum, in der mehrere hundert Vogelgehörgänge ausgestellt sind, ist der Schriftzug eingraviert: „Aus tiefster Liebe meiner Frau gewidmet". Ich bin nicht sicher, ob es mich mehr aufregt, dass der Wissenschaftler einen großen Teil seiner Lebenszeit offensichtlich nicht mit seiner Frau verbracht hat, sondern mit abgeschnittenen Tierköpfen, oder doch, dass er am Ende behauptet, er habe es nicht für sich selbst getan.

73. Ich habe einen Traum, der immer wieder kommt und in dem sich in meiner Mundhöhle bei jedem Wort, das ich sagen möchte, eine Art Schlacke bildet, die wie eine wuchernde Masse alles verklebt. Mit vollen Händen ziehe ich den Teig zwischen den Lippen hervor, spucke ihn immer wieder aus und bin die ganze Nacht damit beschäftigt, Hilferufe herauszuwürgen, sodass ich nach dem Aufwachen stumm und erschlagen bin.

74. Ich stehe in der Drogerie und weiß nicht mehr, was wirklicher ist, das Ereignis oder die Fotos, die davon gemacht wurden. Sorgfältig blättere ich mich durch meine Aufnahmen und schaue mir selbst dabei zu, wie ich anschließend anderer Leute Fototaschen öffne, um mir fremde Lebensmomente anzueignen. Mir ist dabei, als wäre auch mein Dasein nur ein kleinformatiger Abzug von etwas Vergangenem und ich wünsche mir, dass meine Wirklichkeit ebenso leicht zu zerreißen wäre.

75. An mir zieht ein Demonstrationszug vorbei, Banner flattern im Wind. „Befreiung von allen Repressionen" steht darauf. „Platz für alle!", „Keine Grenzen, für niemanden." Den Demonstrierenden folgt eine lange Blaulicht-Schlange: Polizeibusse, Polizeiautos, Polizeimotorräder, die ich noch lange am Horizont leuchten sehe, nachdem die vergleichsweise kleine Demonstration schon lange verschwunden ist.

76. Ich schraube an meiner Rakete, besitze aber kein Werkzeug, weshalb ich statt des Schraubenziehers meine Finger nehmen muss. Weil ich aber auch keine Raketenhaut und keine Möglichkeiten für Nahtstellen habe, bringe ich mich selbst zum Glühen, sodass ich aus meinem Körper die Weltraumkapsel als Ganzes formen kann.

77. Im Terminkalender bildet sich mein Leben als eine Aneinanderreihung wechselnder Innenräume ab. Eigentlich kann ich mir gar nicht mehr sicher sein, ob die Sonne weiterhin am Himmel hängt und die Welt da draußen hinter den Häuserzeilen und jenseits der Stadtgrenze noch existiert.

78. Nachts knackt manchmal der Stromzähler so laut, dass es mir vorkommt, als würde die Elektrizität versuchen, sich über die Kupferleitungen mit mir in Verbindung zu setzen, damit ich sie befreie.

79. Du kramst kniend im Bücherregal und fragst mich, wohin ich deinen Schulatlas gelegt habe. Ich denke an das Feuer, das ich mitsamt dem Atlas aus dem Fenster geworfen habe, und erzähle dir besser nichts davon.

80. Ich stehe in der Gemäldegalerie vor Bruegels „Der Turmbau zu Babel", das eine klaffende Bauwunde statt der Spitze des Turmes zeigt. In einem unbeobachteten Moment strecke ich meinen Zeigefinger dem Bild entgegen, komme ihm immer näher und überschreite die Absperrung. Die Alarmanlage schrillt, von hinten höre ich lautes Quietschen auf dem Parkett, ein Aufseher stürmt auf mich zu. Meine Fingerspitze hat aber bereits die Farboberfläche erreicht und springt von einem stecknadelgroßen Handwerkermund zum nächsten. Alle sind atemlos.

81. Es ist seltsam, dank einer Lebensmittelvergiftung endlich wieder einmal das Gefühl zu haben, dass alles soweit oder zumindest irgendwie noch funktioniert.

82. In mir gibt es zwei Versionen von mir. Die Erinnerung an mich als Kind, der eine lange Lücke folgt, die in das Wesen, das jetzt hier sitzt, übergeht. Weil es für das Gefühl dieser Leere zwischen mir und mir keine Beschreibung gibt, stelle ich es irgendwie, unbeholfen, dar. Ich und ich. Wie Enden eines Bechertelefons, dessen dünne, unentwirrbare Schnur aus verlorener Zeit so lang und verknotet ist, dass die übertragenen Worte auf dem Weg an sich selbst verkümmern.

83. Die Raufasertapeten der Großeltern waren an den ungewöhnlichsten Stellen abgegriffen. Nicht neben der Türklinke oder über dem Lichtschalter. Auch nicht um den kleinen, braunen Weihwasserbehälter herum, der neben der Wohnungstür hing, damit man sich vor dem Verlassen des Hauses bekreuzigen konnte. Vielmehr waren die Flecken kreisrund und auf Augenhöhe, so als hätte jemand immer wieder versucht, mit dem Kopf durch die Wand zu gehen.

84. Ich schreibe einen Beschwerdebrief an die NASA, in dem steht: „Ich werde es nicht länger einfach so hinnehmen, dass es Ihnen gar nichts auszumachen scheint, den gesamten Kosmos mit einseitiger Darstellung zu belügen und so zu tun, als sei die ganze Menschheitsgeschichte hindurch immer alles in Ordnung gewesen und als habe es keine Kriege, keine Not, keine Ungerechtigkeiten gegeben."

85. Wir finden im Wald ein kleines, verfallenes Gebäude. Zwischen zwei dünnen Baumstämmen, die sich durch die Schwelle einer eingefallenen Tür ihren Weg gebahnt haben, drängen wir uns in das Innere hinein. Am Kleiderhaken hängt ein gelber Regenmantel und das Kalenderblatt zeigt den vierundzwanzigsten August neunzehnhundertvierundachtzig. Der Kalenderspruch darauf lautet: „Was wir ergreifen, ergreift uns.“ Zwischen Papieren liegen offene, ausgetrocknete Stempelkissen auf dem Schreibtisch. Die Stempel fehlen. Wir fühlen uns wie Archäologen, als wir die Schränke öffnen und uns ein Schwall Abrechnungen vor die Füße fällt. Neben dem Aktenschrank entdecken wir Umrisse auf dem Boden, deren präzise Form uns unerklärlich ist. Wir starren gebannt auf den Fleck, bis uns beiden klar wird, dass es der Abdruck eines Rehs sein muss, das über Jahre hinweg ins Fundament gesickert ist. Mit Haut, Haaren und Knochen, was uns unmöglich erscheint, muss es von der Schwerkraft regelrecht in den Untergrund gezerrt worden sein.

86. Vor mir überqueren ein alter Mann und eine alte Frau, jeder für sich, wackelig die Straße. Auf der anderen Straßenseite angelangt, greifen sie instinktiv nacheinander, um Hand in Hand weiterzugehen, und ich muss daran denken, dass die beiden dem jeweils anderen durch das Nicht-aneinander-Festhalten im Verkehr ein Überleben eingeräumt haben.

87. Ich wünschte, ich hätte als Kind so wie du Neptun bereist. Es wäre eine ganz andere Kindheit gewesen. Eine, die über den Gartenzaun geklettert und weit hinauf in die Luft gesprungen wäre. Dann hätte ich in der Badewanne auf die Gezeiten gewartet, in der Sandkiste Gesteinsproben genommen und in den Nächten wären die Sterne zum Greifen nahe gewesen und ich hätte sie vom Himmel gepflückt. Wie Butterkekse hätten sie geschmeckt.

88. Am Flohmarkt kaufe ich ein Kilo Schallplatten. Die spiralförmig gerillten Oberflächen setzen sich im Plattenspieler kreisend zu Schlagern und Weihnachtsliedern zusammen. Nachdem ich mit einer Nadel meinen Namen in die Tonspuren eingeritzt habe, knackt es an diesen Stellen. Das Kratzen über den Buchstaben klingt wie kosmisches Rauschen und darin versteckte Botschaften.

89. Du erzählst mir von jemandem, der mir wie aus dem Gesicht geschnitten sei, und zeigst mir auf deinem Handy ein Foto, das du heimlich gemacht hast. Ich erkenne keine Ähnlichkeit, sage aber beschwichtigend, dass das nichts bedeute, weil die Welt voller Doppelgänger sei. Nur selbst könne man die Übereinstimmung nicht sehen, weil man nicht begreifen kann, wie man tatsächlich ist. Für sich selbst sei man höchstens spiegelverkehrt, mindestens aber unsichtbar.

90. Ich habe so lange darüber nachgedacht, wie das funktionieren soll, dass ich in die Vergangenheit blicke, sobald ich in den Nachthimmel schaue, dass ich seit heute die Vergangenheit auch hier unten überall entdecke. Die Farbe der Wand belegt sie ebenso wie der Wollpullover mit den Mottenlöchern oder mein Gesicht, in dem ich nicht bloß den fortschreitenden Alterungsprozess sehen, sondern immer noch erkennen kann, wer ich einmal war und wovon ich träumte.

91. Das schlimmste Vergehen des Tages (neben dem zehnminütigen Duschen): den mit Gemüse eingelegten Thunfisch gekauft, den Fisch vom anderen Ende der

Welt gegessen und mich anschließend nicht selbst in der leer stehenden Dose konserviert zu haben.

92. Mit angehaltenem Atem drücke ich das Telefon an mein Ohr. Es rauscht in der Leitung und meine Mutter schweigt. Nach einiger Zeit sagt sie verlegen, sie wisse nicht mehr, was mein erstes Wort war. Nach so langer Zeit sei einfach zu viel anderes wichtiger gewesen.

93. Im Schaufenster, in dem bis vor kurzem ein Juwelier Uhren und Verlobungsringe ausgestellt hat, bewirbt nun ein Waffengeschäft eine große Auswahl an Schlagringen. Ordentlich und goldfarben liegen sie auf dunkelblauem Samt. Ein besonders teures Exemplar ist mit Edelsteinen in Form von Sonne-Mond-und-Sternen verziert.

94. Ich war mir immer ganz sicher, dass in mir immer nur ich sein kann, so wie auch im Inneren eines Steins wieder nur Stein ist. Jetzt zweifle ich plötzlich, wage aber nicht nachzusehen.

95. In der Morgensonne setze ich mich auf den Sockel einer Statue. Das warme Licht versetzt mich für einen Moment in ein früheres Ich, als das ich mich in meinem Kopf an den Strand setze, um auf den Sonnenaufgang zu warten. Aus der Dämmerung taucht ein Mann in einer olivfarbenen Uniform auf, hockt sich neben mich in den warmen Sand und erzählt mir ganz selbstverständlich, dass er den Wehrdienst nicht länger ertragen habe können und deshalb auf dem Feldweg statt zurück zur Kaserne in den Wald abgebogen sei. Die Freiheit, seine olivfarbene Uniform und der olivfarbene Rucksack, den er für mich öffnet, um mir zu zeigen, dass der Inhalt in ihm auch olivfarben ist, seien alles, was ihm jetzt noch gehöre. Auch das Namensschild habe er gleich nach der Grenze weggeworfen.

96. Im Fast-Food-Lokal fällt der Pappbecher ohne ersichtlichen Grund vom Plastiktablett auf den Boden. Sofort taucht eine Putzkraft auf und beginnt, ohne jedwede Emotion, die Limonade aufzuwischen. Ich schaue auf den immer noch am Boden liegenden Becher. Am liebsten würde ich jetzt in ihn hineinkriechen und die Wange in die Cola tauchen, damit niemand meine Tränen sieht, während wir, das Verschüttete und ich, vom Lappen aufgesaugt werden.

97. In der Weite des Alls setzt sich der Schall meiner Worte und Fragen über Jahrhunderte fort, ohne gezwungenermaßen jemanden zu erreichen, der Antwort geben wird. Das heißt, dort oben werde ich mit meiner Stimme noch viel weniger anfangen können als hier unten. So übe ich mich also vor allem im Schweigen und höre meinem eigenen Blut zu, wie es in mir zirkuliert.

98. Jenseits der dreieinhalb Quadratmeter meines Bettes beginnt die Welt immer weniger Sinn zu ergeben. Fest wickle ich mich in die Daunendecke ein, bis ich im Internet zufällig auf das Thema „Kryostase" stoße. Einfrieren im Schlaf. Ich strample die Decke weg, liege da und stelle mir vor, wie mein Herzschlag immer langsamer wird, sich meine Blutkörperchen in Blutkristalle verwandeln und ich wie in einem Film als Schläfer in einem Raumschiff auf die Reise geschickt werde, in die Zukunft.

99. Das Fotoalbum beginnt kurz nach meiner Geburt. Ein blasses Gesicht mit großen Augen ist in ein rosarotes Tuch gewickelt und liegt auf weißem Grund. Schon die nächste Aufnahme zeigt das Bündel in farbigerem Umfeld. Menschen, ein Parkplatz, ein Auto. Ein Arm, auf dem das kleine Menschenpaket liegt. Eine Haustür dahinter. Auf der nächsten Seite ist das Baby in ein gestreiftes Handtuch gewickelt. Die Fotos sind alle gleich, das Kind, liegend, schaut irritiert in die Linse der Kamera. Erst auf den späteren Seiten werden Haltung und Gesichtsausdruck leicht variieren, und der Blick ist nicht länger in die Kamera, sondern stets auf etwas anderes, etwas Unsichtbares außerhalb des Bildes gerichtet.

100. Ich versuche, die Worte, die mir am vertrautesten sind, brüchig werden zu lassen, um mich aus der Sprache herauszuschälen, die mir – gleich einer Religion – ungefragt zugeteilt wurde.

101. Unerbittlich kämpft sich der verkühlte Philosoph trotz Hustenanfällen durch seinen Vortrag über die Saturiertheit des kapitalistischen Lebens, bis sein Wasserglas leer ist. Heiser bittet er um ein weiteres Glas Wasser, es wird aber keines gebracht. Einige Zuhörer nutzen die Unterbrechung und verlassen den Saal. Schließlich liest der Philosoph heiser den nächsten Satz von seinem Zettel ab: „Das Problem ist immer die Welt, denn ich selbst darf gar kein eigenes Problem haben."

102. In einer Zeitschrift lese ich, dass die Signale der Voyager 1-Sonde siebzehn Stunden durch den Weltraum zu uns unterwegs seien und ab zweitausendvierundzwanzig breche die Verbindung zur Erde endgültig ab. Dann sei die Sonde weitere vierzigtausend Jahre in ihrem intergalaktischen Abenteuer auf sich allein gestellt, bis sie die nächste Etappe ihrer Reise erreicht: das Sternbild Giraffe, in dem die Wahrscheinlichkeit, von außerirdischem Leben entdeckt zu werden, endlich steigt.

103. Mit blauem Rotweinmund öffne ich die Tür, vor der zwei Frauen in grauen Röcken und Blusen stehen und mit mir über Gott sprechen wollen. In meinem Rausch freue ich mich so sehr über das Angebot, dass ich ihnen anvertraue, aus tiefstem Herzen davon überzeugt zu sein, dass es Gott zwar gebe, uns und die Welt um uns herum aber nicht. Ein Vakuum entsteht, ich lache verlegen. Mein Speichel schmeckt süß. Die erste Frau räuspert sich, die zweite hält die Broschüre hoch und wiederholt, als hätte ich nichts gesagt, dass sie mit mir über Gott sprechen wollen. Da rutsche auch ich in meine Rolle zurück und schlage die Tür zu.

104. In der Supermarktschlange wartet eine Frau vor mir, die das Modell einer weißen Rakete festhält, das sich bei genauerem Hinsehen als Rettich entpuppt.

105. In einem Bildband fehlt auf einer Seite die Fotografie. Stattdessen befindet sich ein kleiner Stern am Rand des Blatts, eine Fußnote, die am Ende des Buches erklärt, dass der Fotograf aus Respekt vor der Würde der Hausbesitzerin seinen Beitrag im letzten Moment zurückgezogen habe. Die Frau sei, nachdem der Tsunami ihr Haus überschwemmt und in eine Ruine voller Schlamm verwandelt hatte, in ihrem tiefschwarzen und triefend nassen Wohnzimmer auf einer Obstkiste gesessen, habe sich nichts anmerken lassen und von den schönen Kunstdrucken geschwärmt, die einst an der Wand hier gehangen hatten und nach der Reinigung des Hauses wieder hängen würden.

106. „Space is mostly empty", erklärt die Wissenschaftlerin am Podcast, und ich übersetze den Satz für mich so, dass die Grenzen der Sehnsüchte immer enger gesteckt werden müssen, je weiter und klarer die Sicht ins Unbekannte wird.

107. Beim Abendessen mit Gästen beiße ich mir eine Ecke von einem Backenzahn ab und der spitze Splitter geistert wie ein Fremdkörper durch meinen Mund. Später lege ich das Bruchstück in Alkohol ein und stelle das Glas ins Bücherregal zwischen die Autobiografien, um dem Zahn die Chance einzuräumen, von seinem Schicksal zu erzählen.

108. Auf der Kreuzung steht festgefroren eine Kindergartengruppe und lässt sich von der Kindergärtnerin weder vor noch zurück bewegen. Autos hupen, um die Kinder, die sich an einem roten Seil festhalten, zum Weitergehen zu bringen. Ein erstes Kind beginnt zu weinen, ein zweites folgt ihm nach, bis schließlich ein Kind nach dem anderen das Seil fallen lässt. Erste Autos fahren an den Kindern vorbei, da springen aufgeregt Passanten dazwischen, beschimpfen die Fahrer und schnappen sich je ein Kind, um es zu retten. Nur ich rette niemanden, sondern bin wie gelähmt vom Anblick des roten Seils am Boden, über das jetzt die Autos hinwegrollen. Gerade gestern hast du zu mir gesagt, dass sich eine Unzulänglichkeit wie ein roter Faden durch mein ganzes Leben ziehe, der endlich abgeschnitten gehöre.

109. Unter meiner Zunge ist eine Falte verborgen, in die hinein ich die Worte bette und sammle. Die Worte, die ihre Gelegenheiten verpasst haben, in denen sie gesagt werden hätten können, die deswegen aber nicht schlecht werden, sondern vielleicht sogar reifen und zu Trieben werden, die über die Zungenspitze hinauswachsen und nicht anders können, als irgendwann doch noch einen Platz für sich einzufordern.

110. Ich stehe am Aktenvernichter und schreddere meine vierundzwanzig Projekte in zehn Trilliarden Schnipsel. Über den Laptop gieße ich eine Flasche Cola, sodass aus der Tastatur Funken schlagen. Dann reiße ich alle meine Visitenkarten in der Mitte auseinander und werfe sie aus dem Fenster.

111. Halb im Scherz erkundigst du dich danach, wie es mit dem Bau meiner Rakete vorangeht. Eigentlich wäre jetzt die Gelegenheit, dir alles zu sagen. Du schaust mich aber so amüsiert an, dass ich nur andeute, dass alles bereit sei. Dass ich deinetwegen womöglich nicht wegkomme, verschweige ich.

112. Ich gebe „Wir waren verliebt“ in die Übersetzungssoftware ein und lasse den Satz vom Computerprogramm von einer Sprache in die nächste übersetzen. Auf dem Weg zwischen den Sprachen, die auf meinem Bildschirm nur zwei Klicks auseinander liegen, sehe ich, wie drei Worte zu zwei werden, zu einem langen, dann zu vier und wieder zu drei. Ich beobachte, wie sich die Buchstaben verändern und in Symbole, Zeichnungen und Wellen verwandeln. Das Schriftbild wechselt von Kanten zu Schlingen, ist von rechts nach links zu lesen und von links nach rechts. Als ich den Satz am Schluss von Zulu ins Deutsche zurückübersetzen lasse, hat sich der Satz etwas, aber nicht sehr weit von sich selbst entfernt. Durch fünfundfünfzig Sprachen geschleust, steht da: „Ich liebe es."

113. Auf einmal bin ich mir ganz sicher, dass eine neue Sprache nicht aus der bestehenden zu bauen ist, vielmehr braucht es etwas ganz Neues, noch niemals Erdachtes. Unworte müssten es sein, die ohne Buchstaben und Zeichen funktionieren. Und für Dinge wie Farben dürfte es gar keine Benennungen geben, denn vielleicht würde man das, was man nicht bezeichnen kann, auch nicht sehen, wodurch alles durchsichtig und durchschaubar sein könnte: der Himmel, die Erde, das Leben.

114. Unter der Wölbung meines Schädels hat ein Urknall stattgefunden. Langsam beginnt sich das Chaos zu strukturieren und erste Galaxien bilden sich heraus. Wenn ich meine Augen schließe, kann ich sogar schon Sternbilder erkennen.

115. Alles zerfällt. Alle sagen es. Nur ich sage, dass wir davon ausgeschlossen sind. Wir werden uns aneinander festhalten. Es bleibt keine Wahl. Du und ich. Gegen die abnehmende Schwerkraft, gegen das auseinanderdrängende Licht. Gegen die Welt.

116. Ich liege auf dem Ziegeldach mit dem Rücken auf dem weichen Moos und nehme dem Nachthimmel seine Lichtvergangenheit ab. Eine Sternschnuppe zerteilt mit ihrem Schweif für einen Augenblick die Unendlichkeit, und ich winke der Zeitreisenden auf dem Weg in ihre Auslöschung nach. Ich wünsche mir nichts von ihr.

Wohin mit der **Spucke?**

Wohin mit der Spucke?

Ich sitze im Zug und niese vor mich hin. Auf dem Vierertisch schräg gegenüber überschwemmen zwei junge Frauen und ein junger Mann – offenbar Amerikaner – ihren Tisch mit Fast Food. Fasziniert davon, wie sie abwechselnd in die Papiertaschen auf dem einen freien Sitzplatz greifen und der Berg aus Pommes frites und Hamburgern immer größer wird, kann ich nicht anders, als hinzustarren, bis der Schaffner erscheint. Er kontrolliert routiniert die Fahrkarten der Amerikaner, ignoriert jedoch die Reisepässe, die sie ihm mit der Bitte, einen Beweis für die Reise darin zu hinterlassen, hinhalten. *Anything that proves.* Der Schaffner schüttelt den Kopf, gibt die Fahrkarten zurück und kommt zu mir. Ich wühle in meiner Geldtasche, als der Zug im Schatten zwischen den Bergen, mitten im Nirgendwo, stehenbleibt. Über mich gebeugt schaut der Schaffner aus dem Fenster, wundert sich über den unplanmäßigen Aufenthalt und murmelt etwas. Ich erschrecke über seine Worte, obwohl ich sie nicht wirklich verstanden habe, finde endlich mein Ticket, in das er unbeteiligt hineinzwickt und weitergeht. Ich schaue aus dem stehenden Zug und suche nach Indizien für den Selbstmord, den ich aus dem Gemurmel des Schaffners herausgehört zu haben glaube, starre aber nur in einen dicken Nebel, der die Landschaft eingewickelt hat.

Da blicken nun auch die Amerikaner interessiert nach draußen und ich frage mich, was sie wohl hier zu finden hoffen, am toten Punkt jeglicher touristischen Attraktivität. Die junge Amerikanerin, die mir gegenüber sitzt und ein überdimensionales türkises Shirt trägt, das mich bei jedem Hinsehen an einen Chirurgenkittel erinnert, fragt mich *what happened*. Stumm zucke ich mit den Schultern und die Frau wiederholt meine Geste für die anderen.

Später wird über Lautsprecher das nahende Ziel angekündigt und die drei Amerikaner beugen sich über einen Reiseführer, um zu entscheiden, welcher Stadtteil *the most terrific of all* sei. Die Frau im türkisen Blusenshirt greift ein letztes Mal in die Papiertasche, zieht aber nur noch Servietten heraus, die sie zu einer Kugel zusammenknüllt und dem jungen Mann ins Gesicht wirft. Ich nehme sein Auflachen als Anlass, um meinen kleinen Rollkoffer von der Ablage herunterzuheben. Erst jetzt sehe ich das Mädchen, das zusammen mit einer älteren Frau vor mir sitzt und wie hypnotisiert auf die leeren, immer noch am Tisch herumliegenden Fast-Food-Verpackungen starrt. Während ich überlege, ob der salzige Fettgeruch, dem das Kind über Stunden ausgesetzt gewesen ist, zu einer längerfristigen Fast-Food-Konditionierung geführt haben könnte, brüllt ein paar Reihen hinter mir ein Mann: „Du machst dir Vorstellungen vom Leben, dass man dich anspucken möchte!"

Das Zwei-Sterne-Hotel, das ich vor der Abreise im Bahnhofsreisebüro von einer Angestellten in Leopardenmuster-Shirt habe buchen lassen, liegt etwas stadtauswärts, in einer kurzen Sackgasse, deren einzige Attraktion ein von der Sonne gebleichtes Schild ist, auf dem *Zimmer frei* steht. Ich stehe vor diesem Schild, habe den süßlichen Teppichbodengeruch meines kleinen Einbettzimmers noch in der Nase und atme zum ersten Mal die pollenarme Großstadtluft ein. Für einen Moment ist das allergische Jucken tatsächlich verschwunden, in diese Lücke drängt sich allerdings sogleich der Hunger, der, laut Auskunft des Rezeptionisten im Hotel, in dieser Stadt an einem Sonntag schwer zu stillen sein wird.

Mit knurrendem Magen mache ich mich auf in die Innenstadt. Unterwegs komme ich an einem kleinen türkischen Supermarkt vorbei, dem der Feiertag gleichgültig ist, und ich fühle mich gerettet. In den Regalen sind die Waren mit fremdsprachigen Bezeichnungen benannt, die ich nicht verstehe, und ich halte mich an die Illustrationen der Serviervorschläge. So wandere ich von den Fertigsuppen zu den Keksen, von dort zu den Milchprodukten, kann aber nichts davon wollen, weil mein Hungergefühl mittlerweile in eine mich überfordernde Unentschiedenheit gekippt ist. Als ich schließlich mit leeren Händen vor dem Kassenband stehe, greife ich nach einer giftgrünen Zitrone, die dort von einem anderen Kunden zurückgelassen wurde. Auf der Straße wird mir die unnütze Zitrusfrucht jedoch sofort lästig und ich lege sie im Vorübergehen auf den Sattel eines abgesperrten Fahrrads. Nach ein paar Metern muss ich über die Vorstellung der davonradelnden Zitrone lächeln und ich schaue mich noch einmal nach ihr um, damit ich das Bild nicht vergesse.

Später sauge ich durch einen knallrosa Strohhalm Tapioka-Perlen aus einem überdimensionierten Becher Bubble Tea, der mit jedem Schluck dicker und pelziger zu werden scheint, bis etwas den Halm verstopft. Meinen Kampf mit dem Getränk hält eine asiatische Reisegruppe mit ihren Tablets und Smartphones fest und reduziert mich damit zu einer lustigen Randnotiz ihrer Reise. Wütend werfe ich den halbvollen Becher in den Müll und schon beginnt die Sonne zu sinken. Es fällt mir schwer, mir selbst einzugestehen, dass ich mich nicht wirklich für meine Umgebung interessiere, sondern vor allem vor der Einsamkeit meines kleinen Teppichboden-Hotelzimmers davonlaufe. Der Wunsch, niemals zurückkehren zu müssen, ist auf einmal so stark, dass ich nicht mehr weitergehen kann. Da entdecke ich in der Nähe ein Plakat mit der Aufschrift: *Es ist nie zu spät für eine glückliche Kindheit.*

In Ermangelung anderer Eingebungen werte ich diesen Satz als ein einzig für mich bestimmtes Zeichen und folge dem darunter angebrachten Papierpfeil durch eine große Barocktür in einen marmornen Saal. Dort spricht ein Mann auf einem Podest zu einer Handvoll Zuhörer. Der Vortrag handelt von Liebesmangel, der angeblich zwischen Generationen unglücklicher Menschen weitergereicht werde. Ich höre aufmerksam zu und der Holzstuhl, auf dem ich sitze, knarrt in die Worte hinein, ohne dass ich mich bewege. Eine Frau in einem zitronengelben Kleid dreht sich nach mir um. In ihrem Blick glaube ich eine für meine kleine Störung restlos übertriebene Fassungslosigkeit zu spüren.

Nach dem knappen Schlussapplaus beeile ich mich hinauszukommen. Der noch immer nicht gestillte Hunger lenkt mich aber zum Buffet, wo ich nach einem der Brötchen greife und ein Glas umwerfe. Die Tischdecke zieht den Rotwein in den weißen Stoff hinein, wodurch dieser rosa und durchsichtig wird und eine zerkratzte Tischfläche enthüllt. Ich möchte mich bei der Kellnerin, die hastig versucht, die Flüssigkeit mit einem Geschirrtuch aufzusaugen, entschuldigen, aber ich warte zu lange, sodass die Worte in meinem Kopf immer teigiger werden und schließlich in meinem Rachen festkleben. Um das Ungesagte hinunterzuwürgen, stopfe ich mir das Brötchen in den Mund. Dabei legt sich eine Hand, die aus einem zitronengelben Ärmel herausragt, auf meine Schulter.

Ich sitze mit der Frau, die sich während des Vortrags nach mir umgedreht hat und von der ich mittlerweile weiß, dass sie Natalie heißt, an einem runden Tisch in einer Bar. Mit uns zusammen sind zwei Männer hierhergekommen, einer der beiden ist der Vortragende von vorhin. Natalie hält mich für eine sogenannte Edda, mit der sie vor Jahren Psychologie studiert hat, bis Edda von einem Tag auf den anderen verschwunden ist. Ob sich Natalie darüber freut, ihre alte Studienkollegin wiedergefunden zu haben, kann ich ebenso wenig einschätzen wie Natalies Beziehung zu den Männern, die sich, seit wir aufgebrochen sind, nur miteinander unterhalten. Auch jetzt sitzen sie da, rauchen und ziehen die Zeit unerträglich auseinander, indem sie zwischen jedem Satz bedeutungsschwere Pausen einlegen. Natalie schafft es irgendwie, trotzdem gebannt zu wirken, bis endlich die bestellten Gin Tonics gebracht werden und sie sofort, ohne anzustoßen oder abzuwarten, einen großen Schluck nimmt.

Nach zwei weiteren Gin Tonics sitze ich immer noch zwischen den dreien und eine angenehme Schwere hat von mir Besitz ergriffen. Das Gefühl, nicht mehr die Kraft aufbringen zu können, um von hier wegzukommen, besänftigt mich. Ich muss bloß sitzen und stumm der stockenden Diskussion der beiden Männer folgen, während meine Augen vom Zigarettenrauch immer müder werden und tränen. Schließlich scheint niemand mehr etwas zu sagen zu haben und die Leerstellen werden mit Gin gefüllt. Als Natalies Glas erneut leer ist, erwacht sie jedoch unvermutet zu neuem Leben, dämpft ihre Zigarette im Aschenbecher aus, holt sich eine neue aus der Schachtel, und während sie den Filter mit der einen Seite ihres Mundes festhält, bewegt sich die andere Hälfte bei der Frage, was ich mir bloß bei meiner Frisur gedacht habe. Nach der langen Zeit des stillen Dasitzens begreife ich erst gar nicht, dass ich gemeint bin. Weil ich nicht antworte, spricht sie weiter ausschweifend über meine, also Eddas, früheren Haarfarben und Frisuren, als würden sie etwas Entscheidendes über mich aussagen. Auf einmal bekomme ich das Gefühl, dass Natalie böse Absichten hat und gebe sicherheitshalber keine Auskunft, als sie weiters wissen will, ob ich, Edda, das Studium abgeschlossen habe, ob ich, wie ich es immer wollte, in die USA gegangen sei, was für einer Arbeit ich nachgehe, und schließlich, ob ich Kinder bekommen habe oder zumindest einen Mann. Die zwei Männer schauen mich jetzt auch an, und ich ärgere mich, dass sie sich noch immer nicht bei mir vorgestellt haben und dennoch glauben, das Recht zu haben, etwas über mich, also Edda, zu erfahren. Ich weigere mich, eine Vergangenheit zu erfinden und Natalie raucht abwartend die

Zigarette zu einem Stummel, als würde sie dabei einen Countdown zählen, bis mein Nicht-Antworten zu einer Zumutung für sie wird. Endlich drückt sie den Zigarettenfilter im Aschenbecher aus und beginnt, ohne jeden Zusammenhang von ihren Brüsten zu sprechen. Ihre Brustwarzen, sagt sie, hätten sich von einem Tag auf den anderen dunkelviolett verfärbt. Zunächst sei ihr die ungewöhnliche Verfärbung besorgniserregend erschienen und sie sei von Arzt zu Arzt gelaufen, um Hormonstörungen, Krebs und Schwangerschaften auszuschließen. Nachdem keine medizinische Ursache gefunden werden konnte, habe sie sich mit der Unerklärbarkeit dieser Veränderung abgefunden und mit der Zeit gemerkt, dass sich ihr ganzes Sexualverhalten, ihre Vorlieben und überhaupt ihre Art, Emotionen zuzulassen, durch die Brustwarzen verändert, ja, intensiviert hätten, womöglich ließe sich sogar behaupten, dass sie ein ganz anderer Mensch dadurch geworden sei. Während ihrer Ausführungen schaut Natalie mich kein einziges Mal an, sondern fixiert die ganze Zeit den Mann, der nicht der Vortragende ist, und so wirkt, als wollte er ihrem Blick ausweichen. Ich schlucke angestrengt, denn meine Speiseröhre brennt, als hätte ich statt Gin Gift getrunken. Vielleicht ist es aber auch die Tatsache, dass ich mich ohne Widerspruch zu Edda habe machen lassen und ich mich in den letzten Stunden nicht nur daran gewöhnt habe, diese Edda zu sein, es ist mir irgendwie sogar lieber so, wer immer sie auch ist.

Irgendwann ist es so spät, dass es schon wieder früh ist, und nur Natalie, der Vortragende und ich sind von der Nacht übrig. Ich bin nicht sicher, ob Natalie schläft.

Der Vortragende, der wohl so einer ist, der nur bleibt, um am Ende das letzte Wort zu haben, sitzt da wie ein rauchender Automat. Nur ich bin jetzt hellwach und ringe mit mir, denn ich spüre, dass ich längst aufbrechen hätte sollen. Seit geraumer Zeit brennen meine Augen von der verrauchten Luft. Ich halte es aber aus, ohne eine Tablette zu nehmen, denn ich weiß, dass hier nicht so sehr meine Allergie das Problem ist, sondern sich meine Abgrenzungsprobleme der Welt gegenüber bemerkbar machen. Plötzlich überfällt mich eine Niesattacke, die die beiden am Tisch aufschrecken lässt, und Natalie fängt auf einmal an, betrunken auf den Vortragenden einzureden. Sie sagt, ich, also Edda, sei schon immer innerlich zerrissen gewesen, eine anstrengende und gleichzeitig undefinierbare Persönlichkeit, an die man sich eben gewöhnt habe, denn sie habe sich ja in Vorlesungen immer wieder unaufgefordert neben einen gesetzt, wodurch man eben irgendwie zu so etwas wie Freundinnen geworden sei, wobei Freundschaft hierfür nicht die richtige Bezeichnung sein könne. Und dann sei Edda verschwunden, einfach weg gewesen. Und obwohl man sich nie viel aus ihr gemacht habe, sie sich ja regelrecht aufgedrängt hatte, habe man sich doch auf einmal Sorgen um sie gemacht. Ja, man habe sie sogar vermisst. Natalie kippt mit dem Oberkörper zur Seite und umfasst meine Hand. Was man davon halten solle, fragt sie laut und erbost in meine Richtung, wenn eine Verschollene Jahre später einfach wieder auftaucht, als wäre nichts gewesen.

Der Vortragende zerknüllt seine leere Zigarettenpackung, als wäre das sein Kommentar dazu, und Natalie wirkt, als würde alle Luft aus ihr entweichen.

Ich beginne, Natalie dafür zu verachten, dass sie mich in diese Situation gebracht hat. Ein Gefühl, das mich zuerst stellvertretend für Edda übermannt, doch überhaupt nicht stellvertretend beginne ich zu schreien. Ich schreie Natalie an, dass sie ein liebloser Mensch sei, für den alle anderen austauschbar seien, und dass sie deshalb niemand lieben und niemals ein Anrecht auf Glück für sich beanspruchen könne. Meine Wut wird immer heftiger, überschlägt sich in meiner Stimme und schließlich werde ich so laut, dass meine Spucke in Natalies Gesicht landet. Ich schaue dem dicken Speicheltropfen dabei zu, wie er an ihrer Wange hinunterläuft und sie ihn mit dem Handrücken wegwischt. In diesem Augenblick ist mein Kopf vollkommen leer, meine Gefühle wie ausgelöscht. Nach diesem kurzen, angenehmen Nichts breitet sich jedoch schmerzhaft die Klarheit darüber aus, dass ich mit all diesen Vorwürfen niemand anderen als mich selbst gemeint habe. Schweigend stehe ich auf und gehe. Verwirrt laufe ich durch die Innenstadt, zwischen den Sehenswürdigkeiten hin und her, und schieße im blauen Morgenlicht verschwommene Selfies, die ein überbelichtetes Gesicht mit Augen zeigen, die zu glühen scheinen.

Schlussendlich habe ich die Straße wiedergefunden, die zu meinem Hotel führt. Aus einer Seitengasse drängt sich mir der Geruch von Frittierfett auf, ich biege in die Gasse ein und betrete ein Fast-Food-Lokal, das gerade geöffnet hat. Ein Mann in grauem Overall wischt mit einem ebenso grauen Mopp den Boden. Beim Anblick der Mühe, die ihm diese Tätigkeit zu bereiten scheint, überfällt mich ein kaum zu ertragendes Gefühl der

Unzulänglichkeit und ich lehne mich erschöpft an die Wand neben der Tür. Dort verharre ich und beobachte, wie nach und nach immer mehr Menschen das Lokal betreten und sich Kaffee und Frühstück zum Mitnehmen kaufen. Je später es wird, umso hastiger werden alle Bewegungen, bis der Morgenstress seinen Zenit überschritten hat und nur ich und die wie ausgesaugt wirkenden Mitarbeiter hinter der Theke zurückbleiben. Ich bin so vollkommen in der Beobachtung aller Bewegungsabfolgen und Handlungen aufgegangen und verschwunden, dass ich die Frage, was ich hier wolle, erst gar nicht auf mich beziehen kann. Erst als dieselbe Stimme in schrofferem Ton hinzufügt, dass man hier nicht herumlungern könne, sondern entweder etwas konsumieren oder verschwinden müsse, komme ich wieder zu mir.

Am Bahnhof halte ich die Fahrkarte für eine Stadt, deren Name mir nichts sagt, fest in der Hand, als ich in einem Schaufenster der Bahnhofs-Shoppingmall das türkise Shirt der Amerikanerin an einer Kleiderpuppe wiedererkenne. Ich rolle meinen Koffer in das Geschäft, reiße in der Umkleidekabine den Diebstahlschutz aus der Naht, ziehe das Kleidungsstück an und verlasse den Laden. Draußen hören meine Augen schlagartig auf zu jucken und ich spüre, dass sich der türkisfarbene Seidenstoff wie eine dünne Schutzschicht über meine Haut legt.

Die ganze Zeit, während sich der Bahnsteig am Fenster vorbeischiebt und der Zug schließlich den Bahnhof und die Häuser der Stadt hinter sich lässt, steht mein gläsernes Ich still. Allein sitze ich an einem Vierertisch und warte auf den Schaffner, dem ich meinen Reisepass ent-

gegenstrecken werde, damit er mir einen Grenzübergang hineinstempeln kann.
Bis dahin drücke ich die Papiertasche an mich, die bis oben hin mit Fast Food gefüllt ist. Wärme dringt unaufhörlich aus ihr, durch das Papier und den dünnen Stoff hindurch, und von dort sickert ein neues Gefühl in meinen Körper hinein, wo eine Hitze wie Lava aufzusteigen beginnt. Aus meiner Magengrube quillt sie die Speiseröhre hinauf, in meinen Mund und zuletzt über die Lippen.

Burnout für Quereinsteiger

Burnout für Quereinsteiger

Es freut mich außerordentlich, dass Sie alle gekommen sind und sich für die Ausbildung interessieren. Ich würde sagen, wir springen einfach direkt ins Thema und beginnen mit einer kurzen Atem-Meditation, damit wir erst einmal alle in Ruhe hier ankommen können.

Wir schließen die Augen, sitzen mit aufrechter Wirbelsäule, stellen die Fußsohlen fest auf den Boden und konzentrieren uns nur darauf, wie unser Atem durch die Nasenlöcher ein- und ausströmt.

Ein. – Aus. – Ein. – Aus. – Ein. Sie sind ja alle schon richtige Profis …

warum steht auf der weißen tafel das wort „seeleninfarkt", was kann und soll das für uns hier bedeuten? vor allem für mich, die anderen kenne ich ja alle noch gar nicht, vierzehn andere und ich, ich der einzige, der zu spät gekommen ist, der einzige, der offensichtlich kein meditationsprofi ist. alle anderen scheinen so friedlich, ihren wünschen, träumen, sehnsüchten so nah
kleider in pastelltönen, das ist es, was mich an ihnen irritiert
wie dumm das klingt. es klingt wirklich dumm
auch dieser raum und die klangschalensammmlung auf dem holzregal wirken eher abschreckend als einladend auf mich
natürlich nur auf mich

ich darf nicht schon wieder alles so verallgemeinern, ich besuche doch den schnupperkurs, um der veränderung eine chance zu geben. auch wenn mir das jemand wie dieser herr hermann nahegelegt hat, der sich, ähnlich wie hundebesitzer ihren hunden, schon äußerlich seinem bürointerieur angepasst hatte
bunte strickpullover fügen sich aber auch wirklich gut in holzfurnierumgebungen ein, das ist ja nicht ungewöhnlich

Wir atmen weiter und beim Ein- und Ausatmen lassen wir den Atem ganz natürlich fließen und achten darauf, dass wir so tief wie möglich in den Bauch hinein atmen. Nicht nur die Brust hebt und senkt sich dabei, sondern der ganze Oberkörper.

wie soll ich mich entspannen, wenn da dieses wort steht „seeleninfarkt“
und gleichzeitig alle hier so laut schnauben und nach der frischluft gieren
es klingt, als hätte jeder seine eigene beatmungsmaschine dabei und nur ich nicht gewusst, dass man so etwas mitbringen sollte
ich allein werde nicht mit luft und entspannung versorgt wie die, die schon frei und fröhlich – wie flipper! – durch das glück treiben, stattdessen muss ich mich natürlich wie ein echter delfin ununterbrochen daran erinnern, nicht zu ersticken

Die Luft strömt ein. Die Luft strömt aus. Wir lassen alle Gedanken, die sich uns aufdrängen, wie Wolken weiterziehen. Die Luft erfüllt uns.

also. ich atme tief, ich denke nichts
mich etwas zu entspannen, einmal abschalten würde mir sicherlich guttun
ich darf mir jetzt nicht schon wieder von vornherein eine meinung bilden, meine voreingenommenheiten gewinnen lassen
das ist doch auch eines der probleme, derentwegen ich jetzt hier bin. ich verstehe gisela ja auch, wenn sie das stört. ich bin immer schon ein bisschen eigen gewesen, schwierig von mir aus
aber es war nie aus zwang, anecken zu wollen, ich bin einfach so
ich bin womöglich misstrauisch dem guten gegenüber
nicht missgünstig, aber vorsichtig
vorsichtig, das trifft es, oder bedacht
auch ein schönes wort
gewissenhaft
es wird doch aber auch möglich sein aufzuhören, so zu sein, wo es doch nicht als positiv empfunden wird, von außen
als zynisch hat gisela es bezeichnet, als egozentrisch

„du hast abgrenzungsprobleme."

sagte sie mehr als einmal, und ich machte mehr als einmal die ohren von innen zu und dachte an durchzug, zugtunnel, fernreisen und weite strecken durch eine steppe, während sie weitersprach und ich weiter an forschungsreisen dachte – nach paris, svendborg, berlin, moskau, santa monica
was wollte sie mir damit sagen?
„abgrenzungsprobleme". ich werde sie fragen, wenn ich sie anrufe

wenn ich sie anrufe und ihr sage, gisela, du kannst zurückkommen, ich habe es eingesehen, ich werde mich umorientieren, ich werde ein burnout-prophylaxe-trainer, denn das ist ein job mit zukunftsperspektiven, ganz im gegenteil zur komparatistik und meiner spezialisierung auf brecht, die gisela immer als fixierung bezeichnet hat, während ich es forschungsfeld nannte, weil das der wissenschaftliche terminus dafür ist

ich werde sagen, gisela, schatz, es gibt so viele menschen, die eine harte zeit haben, deren kerze an beiden seiten brennt, menschen, die alles hängen lassen und nicht mehr wissen, wo vorne und hinten ist
ich meine die, deren akkus leer sind
das werde ich zu ihr sagen
du weißt doch, dass ich vor dem studium ein paar jahre in einer betreuten wohngemeinschaft gearbeitet habe, daran kann ich anknüpfen
bei mir selbst fange ich jetzt an

Der Atem strömt ein, ich lasse alle Gedanken ziehen. Der Atem strömt aus, und ich bleibe aufmerksam bei meiner Atmung.

ich sollte mich wirklich auf diese meditationsübung einlassen, am ende ist es eine teilnahmevoraussetzung, dass man das kann, mit der entspannung

Machen Sie sich keine Sorgen, wenn Sie mit Ihren Gedanken zunächst abdriften. Versuchen Sie einfach immer wieder, sich auf die Atmung zu konzentrieren.

gut, es gibt noch keinen grund zur sorge. das ist normal
ich habe doch gewusst, dass ich normal bin
jetzt atme ich also und mache mit und dann werde ich ganz ruhig, entspannt, werde im augenblick sein
ich glaube, das sagt man so
„im augenblick“ – ich komme also endlich und endgültig hier an

(atmen und atmen)

warum komme ich bloß nicht an? ist es so schwer?
wenn ich es schon nicht für mich selber schaffe, dann doch wenigstens für gisela, damit sie wieder zurückkann, in unsere wohnung. es ist doch unsere wohnung, die sie verlassen hat, weil sie sich nach einer veränderung sehnt
einer veränderung, die allerdings nur an mir stattfinden soll

ich atme

sie sagte, sie schäme sich dafür, zu denken, dass es nur an mir liege, aber für sie sei es eben so, und sie müsse doch irgendwann die konsequenzen ziehen, meinte sie
sie müsse gehen
abstand gewinnen

denn die wahrheit sei, sagte sie weiter, dass sie nicht bloß mal so gedacht habe, dass eine veränderung gut wäre, vielmehr habe sie es mit allem ersehnt, was ihr zur verfügung stand
tag und nacht, monatelang

sie habe nicht aufgeben wollen zu hoffen, dass doch noch etwas passieren könnte, das alles verändern würde, irgendetwas

aber was hätte denn passieren sollen?

ich werde sie fragen, wenn ich sie anrufe, um ihr zu sagen, dass sie jetzt wieder zurückkommen kann
dass ihre botschaft angekommen ist und ich ihr zugehört habe, als wir betreten in der tür gestanden sind, bevor sie gegangen ist
und dass ich auch zugehört habe, als sie weinend am bett gesessen ist, mit dem offenen koffer neben sich, in dem ihre lieblingskleider und die elefanten lagen, die ich ihr zu jedem anlass geschenkt hatte

> „ich habe es dir ja schon öfter gesagt: du weißt einfach nicht, wann du genug getan, geleistet, geopfert hast … versteh mich nicht falsch, ich habe dich anfangs auch dafür geliebt.
> aber du frisst dich selber auf.
> und mich gleich mit."

ich setzte mich neben sie und konnte nicht nachvollziehen, was sie meinte. ich konnte auch gar nicht verstehen, wie das alles so kommen konnte, zwei stunden vorher, als ich ins arbeitszimmer gegangen war, um noch einmal eine stelle im „dickicht der städte" nachzulesen, war noch alles wie immer gewesen

Der Atem strömt. Ich sitze ruhig und konzentriere mich auf das Einatmen. Ich konzentriere mich auf das Ausatmen. …

So ist es gut … Richard, entspannen Sie doch bitte auch Ihre Mimik, Sie werden sehen, wie gut Ihnen das tun wird.

sie spricht mich direkt an, denunziert mich vor den anderen! darf sie das?
warum habe ich aber auch „RICHARD“ auf den klebezettel geschrieben, der jetzt auf meinem hemd klebt?
den magister habe ich weggelassen, ich dachte, das wäre unsympathisch, in diesem rahmen hier meinen mag. phil. voranzustellen und auch den nachnamen fand ich zu viel, weil als richard ist man viel zugänglicher, passt man viel besser in so einen sesselkreis. es wirkt entspannter, nur der vorname. alle haben das so gemacht, also habe ich auch richard geschrieben, obwohl der titel sonst ganz gut ist, weil sich die meisten dann etwas zurückhalten. alle schätzen sich immer als so intelligent ein, aber kaum steht ein magister vor dem namen, unterwerfen sie sich
aber gut, das ist ja jetzt egal, ich muss also mein gesicht entspannen, die kursleiterin meint mich und mein gesicht
meines
weil hier nur ein richard im kreis sitzt
und ich entspanne es also, das gesicht

das fühlt sich tatsächlich anders an
als hätte ich bis jetzt eine maske getragen
ich spüre das gesicht gar nicht mehr
ich vergesse ja immer wieder, dass es nicht natürlich ist, dass sich mein körper an allen ecken schmerzhaft bemerkbar macht

ein leben in einem körper, der mich nicht belästigt, wann immer er kann, ist durch dieses stechen in der brust schon länger unvorstellbar für mich. dieser punkt in meinem brustkorb, hinter dem brustbein, recht nah neben dem herzen. und tatsächlich, auch jetzt, direkt unter dem klebezettel mit meinem namen, sticht etwas tief in mich hinein
richard, der mann zwischen den klangschalen, ewiger großmeister der ausblendung
– das stimmt, warum stimmt das?

auch im arbeitszimmer habe ich aufgehört, hinzusehen, auf die zettelberge zwischen den aufgeschlagenen büchern, als hätte es eine massenkarambolage gegeben in meinem kleinen schlauchzimmer. als wäre nicht ich derjenige gewesen, der dieses chaos verursacht hatte
kreatives arbeitschaos, sage ich dazu. ich weiß ja immer, wo alles liegt, ich finde alles wieder, jede textstelle, ich brauche nur ein paar minuten dafür
der wichtigste stapel ist der neben dem heizkörper, der soll es warm haben
in solchen kategorien denke ich tatsächlich, das ist wohl nicht gerade wissenschaftlich. aber was hat max frisch über bertolt brecht geschrieben: „ein sperriges bauernmöbel"
damit kann ich mich identifizieren, wenn ich in meinem schlampigen arbeitszimmer sitze, an meinem schreibtisch mit dem abblätternden birkenfurnier – mit der zu fünf achtel fertigen dissertation vor mir, ausgedruckt im copyshop um die ecke, wo der mann einfach nicht verstehen wollte, dass der schwarze diagonalstreifen auf den seiten ein ungünstiges bild machen könnte

als wäre alles durchgestrichen (ist es jetzt ja auch)
gisela warnte mich von anfang an, dass das thema nicht gut gewählt sei

„spannend natürlich, auch notwendig.
aber schon etwas schwierig,
also das an den mann zu bringen,
den förderstellen schmackhaft zu machen."

sie ist so wahnsinnig praktisch veranlagt, vielleicht ist sie deshalb auch versicherungsmathematikerin geworden. nach der schule hat sie eine potentialanalyse durchführen lassen und auf deren basis gewusst, dass sie besonders talentiert im analytischen denken ist, und hat also darauf ihre zukunft aufgebaut. und ist richtig gelegen
glaube ich. ich habe sie tatsächlich nie danach gefragt, wie das ist, als gisela durch die welt
ich muss das aber unbedingt fragen, also, ob sie ihr leben eigentlich liebt, so abseits ihrer erwartungen an mich, mit der versicherungsmathematik und so. ich werde das ansprechen, wenn ich sie morgen anrufe
morgen. denn heute ist montag und letzten dienstag saß gisela auf dem bett, mit dem koffer und den elefanten
wie sonderbar eigentlich, dass das alles an einem dienstag aus ihr herausbrach, mitten in der woche. ein samstag wäre passender für sie gewesen

Der Atem strömt ein. Ich spüre, dass ich ganz bei mir bin. Der Atem strömt aus. Ich fühle mich im Augenblick unbeschwert … Lassen Sie sich jetzt ruhig ein bisschen Zeit.

warum fühle ich mich nicht unbeschwert, ich halte mich doch an alles, sitze still, die wirbelsäule durchgedrückt, die augen zu. alles mache ich so, wie die frau es gesagt hat, und ich befinde mich auch im augenblick. wo sonst? was kann ich dafür, wenn es im augenblick schwierig ist bei mir? das kann ich doch nicht einfach abstellen, ich kann doch nicht auf kommando alles wegatmen, wenn mich im moment so viel umtreibt. diese zwingende veränderung – oder nein, es ist ja nicht die veränderung, sondern genau genommen die „psychosomatische beschwerde" – so hat das der arzt genannt, als ich bei ihm war, wegen des stechens in der brust und des knotens im hals

> „eine ganz gewöhnliche psychosomatische überlastungserscheinung."

sagte er und schob das ultraschallgerät über meinen hals, um sicherzugehen
das war am donnerstag
ich habe mich doch eigentlich gar nie für einen beziehungstypen gehalten, und kaum wache ich zwei tage in folge allein auf, muss ich zum arzt, weil meine psychosomatischen beschwerden so viele freiräume hatten, um sich auszubreiten, dass sie mich lahmgelegt haben und es mir unmöglich war, zu sprechen, über den kloß im hals die worte hinwegzuwürgen, die ohnehin niemand hören konnte, so verlassen wie ich war
im wartezimmer habe ich noch gedacht, ich werde dem arzt von meinem herzschmerz erzählen, sagen, dass ich zwar nicht daran glaube, dass ein herz brechen kann, aber irgendwas stimmt da drinnen nicht, weil ich auch das sprechen zu verlernen beginne, seitdem niemand

mehr da ist, der mich meint. das wollte ich eigentlich so sagen, habe mich aber dann doch nicht getraut, weil es mir dumm erschienen ist
schon sonderbar, diese plötzliche angst vor dem verstummen. dabei sage ich doch sonst auch oft den ganzen tag kein wort, lese mich schweigend durch die sekundärliteratur, ohne auch nur daran zu denken, jemandem einen guten morgen wünschen zu wollen oder etwas bejahen oder verneinen zu müssen
nach nicht einmal einer woche bin ich jetzt schon so weit und grüße sogar verrückte im bus zurück, nur um meine eigene stimme zu hören

obwohl, so war es ja nicht

ich habe gegrüßt, weil ich ein soziales wesen bin und der mann nichts dafür kann, wenn er auf mich wie ein irrer wirkt
nur weil jemand stark aus dem mund blutet, muss er noch keine gefahr sein
dass ich das dachte, muss der mann gespürt haben, denn sonst hätte er sich nicht neben mich gesetzt. er und ich auf diesem zweiersitz, wohin dieses kind auf eine unangenehme weise blickte
das kleine gesicht so bestürzt, dass ich auf der stelle verschwinden wollte, aber nicht wegkonnte, festsaß
und der mann neben mir, mit seiner sporttasche und seinem schwarz glänzenden jogginganzug, der an einer stelle auf der brust einen runden fleck hatte – ein blutiger speichelfaden bahnte sich unaufhörlich einen weg aus seinem mundwinkel dorthin
der punkt, an dem das blut den stoff traf, war fast die

gleiche stelle, wie die, an der mein stechender schmerz sitzt – nur spiegelverkehrt
mir ist das nicht gleich aufgefallen

Und der Atem strömt ein. Ich spüre, dass ich ganz da bin. Der Atem strömt aus. Ich fühle die weiten Freiräume um mich.

ob es normal ist, dass sich alles in meinem kopf so zusammenzieht, seit ich die augen geschlossen habe?
da ist keine weite. keine fläche, auf der sich etwas bewegen könnte
auf der ich mich bewegen könnte
es ist nicht einmal nach oben hin offen, mehr so wie eine glocke, die über meinem kopf hängt, als wäre um das denken herum ein panzer, durch den es kein hinauskommen, aber auch kein eindringen gibt
vielleicht ist das auch ein schutz, vielleicht sind es scheuklappen, die noch wertvoll sein könnten
doch von rechts drängt die enge immer weiter in mein geschlossenes sichtfeld und links habe ich noch die erinnerung im augenwinkel, an den mann im bus und seinen blutenden mund. und da, direkt vor der nase, stand dieses kind zwischen den anderen fahrgästen und hatte sein gesicht gegen den oberschenkel des vaters gedrückt, um den mann nicht anschauen zu müssen. aber ein auge richtete es doch auf ihn, wie unter zwang starrte es am oberschenkel vorbei zu dem mann
und zu mir. plötzlich fühlte ich mich dafür verantwortlich, dass da jemand neben mir blutete. dafür, dass das kind das mit ansehen musste. um irgendetwas zu unternehmen, bot ich also dem unbekannten ein

taschentuch an
nicht aus menschlichkeit
aus höflichkeit, im besten fall – dem kind gegenüber
der mann schaute misstrauisch auf das weiße rechteck in meiner hand, wie es ordentlich und sauber in meiner handfläche lag. schließlich ergriff er das taschentuch und wischte sich das blut aus dem gesicht. das tuch verschmierte das blut aber eher als es aufzunehmen, und machte die sache noch schlimmer. nervös drückte er die sporttasche fest an sich und versteckte das blutige taschentuch in seiner faust – dann schloss er die augen. ich sah ihm an, dass er nach etwas horchte, während der bus hielt, sich die türen öffneten und wieder schlossen und wir weiterfuhren. danach machte er seine augen wieder auf, seine zuvor regelrecht greifbare angst war von ihm abgefallen und er sagte wie zu sich selbst

„das pulsieren hat aufgehört."

er atmete einmal tief durch und rückte dann an mich heran, um mir zuzuflüstern, dass er jetzt über den berg sei, er spüre, dass er es geschafft habe zu entkommen. endlich könne er alles laut aussprechen, weil er sie abgehängt habe. er sei das opfer von chemtrailgiften und mikrowellenterror, hochgefährlicher strahlung, die je nach intensität einen menschen langsam oder schnell umbringen könnte. spurlose morde, unzählige, allein in dieser stadt, er wisse zwar nichts genaueres, denn niemand spreche darüber, aus angst, denn die mikrowellenterroristen sehen und hören alles. oder auch aus verdrängung. er selbst habe schließlich auch lange nicht glauben wollen, dass sein zustand kein zufall, kein schicksal sei, sondern geplante vernichtung

„fressen und ficken."

sei die erste botschaft gewesen, die sie ihm ins gehirn gestrahlt hätten, diese beiden worte, die alles andere, alle gedanken, sehnsüchte, zuneigungen überdeckt und ihn zu einer notdürftigkeit getrieben hätten, die ihm nicht und niemals zuzutrauen gewesen wäre

„hörst du das auch in deinem kopf?"

fragte er mich mit geweiteten augen

Der Atem strömt ein und ich fokussiere mich auf meine Mitte. Der Atem strömt aus. Ich entspanne, von dieser Mitte ausgehend, alle Regionen meines Körpers.

der mann sagte

„ich sehe dir an, dass sie dich auch im visier haben.
du hast da so etwas im gesicht.
so eine untröstlichkeit.
darauf zielen die."

beim aussteigen wünschte ich ihm glück, warum weiß ich nicht, ich wünschte ihm wirklich, dass er das durchstehen würde, seinen wahn oder seine wirklichkeit, je nachdem. als er aber auch mir glück wünschte und sagte, ich solle an seine worte denken, da wurde mir ganz elend, als hätte wirklich in diesem moment etwas von mir be-

sitz ergriffen, aber gleich wieder von mir abgelassen, weil bei mir nichts mehr zu holen ist
nichts übrig in mir, alles aufgebraucht
ein stück von mir bei gisela
ein stück von mir in meiner dissertation
ein stück liegt vielleicht noch bei herrn hermann am arbeitsamt auf seinem bürofußboden, auf dem ich wieder zu mir kam, nachdem mir beim anblick der berufsinformationsmappe – eintausendachthundert berufe – schwarz vor augen geworden und ich vom sessel gekippt war
anders schwarz als jetzt war diese dunkelheit hinter den augenlidern gewesen. dort, auf dem fußboden, war unumstößlich eine unendlichkeit in mir aufgetaucht

In den nächsten Minuten atmen Sie ruhig weiter und ich werde ein paar Anleitungen einstreuen, die Sie auf sich wirken lassen können.

und ich atme immer noch
ein und aus
aus und
aus
ruhig atmen, das kann ich. bloß der kopf hält nicht still, lässt sich nicht abstellen
vielleicht zähle ich noch einmal die tassen, die ich zwischen den büchern gefunden habe, womöglich beruhigt mich das
die erste stand hinter dem brockhaus band „turl–vik"
die zweite in der untersten schublade
die dritte auf der fensterbank, die vierte
die fünfte

Mein Atem strömt ein. Alles ist gut. Mein Atem strömt aus. Alles ist gut.

a l l e s
i s t
g u t. alles …
ich will ja, dass alles gut ist
ich will es wirklich
vielleicht werde ich gisela heute schon anrufen. ich weiß nicht, ob ich bis morgen warten soll. denn was, wenn sie nur austesten will, wie lange ich es ohne sie aushalte. womöglich ist das nicht-bis-dienstag-warten-können der liebesbeweis, den sie braucht. dann muss ich sie doch anrufen! nicht, dass sie denkt, ich hätte sie vergessen
wie ich die siebenundzwanzig benutzten kaffeetassen vergessen habe
gisela hat mein arbeitszimmer scherzhaft immer als schwarzes loch bezeichnet. daran dachte ich komischerweise als erstes, als sie da weinend am bett saß, und ich schaute zu den elefanten, die auf ihrem roten lieblingspullover, dem mit den weißen wolken darauf, lagen. ich habe diesen pullover immer gehasst, es aber nie gesagt, weil auch gisela sich, beispielsweise bei den elefanten, immer zurückgehalten hat. sie wusste, dass ich ihr die elefanten nur schenke, weil brecht welche gesammelt hatte. sie mochte sie, obwohl sie insgeheim brecht die schuld an allem gab, was nicht in ordnung war
obwohl mich das wahnsinnig aufgeregt hat, habe ich nichts dazu gesagt. was hätte ich auch sagen sollen, der mann ist 1956 gestorben, der konnte zwar gar nichts für unsere probleme, aber geschadet hat es ihm auch nicht mehr

„unsere probleme"
die habe ich auch so gut ausblenden können
bis dienstag. dienstag abend ist gisela gegangen. donnerstag saß ich bereits beim arzt
jetzt erscheint es mir logisch, dass ich mich irgendwo unterwegs in mich selbst hinein verrannt haben muss

Während ich aufmerksam und ruhig weiteratme, beginne ich, meinen Körper nach letzten Verspannungen abzutasten. Während der Atem einströmt, lenke ich den guten Sauerstoff zum Ort der Anspannung und atme sie mit dem Ausatmen weg.

ich meine, welcher haushalt hat auch siebenundzwanzig tassen und vermisst sie nicht? da muss wirklich ein schwarzes loch sein in meinem arbeitszimmer, in mir
in der nacht von donnerstag auf freitag wusch ich die tassen ab und stellte sie neben mich ins bett, dahin, wo sonst gisela liegt. am morgen waren sie alle umgefallen und ich war wütend deshalb. ich packte die tassen also in eine bananenschachtel und nahm sie mit auf die straße, wo ich sie, auf dem weg zum arbeitsamt, neben den altkleidercontainer stellte. heute waren alle noch da, außer einer. ich habe sie nachgezählt

Während der Atem einströmt, beginne ich, mir ein inniges, warmes Strahlen vorzustellen. Während der Atem ausströmt, werden alle Bereiche meines Körpers von diesem wärmenden Strahlen erfüllt.

mein körper von strahlen erfüllt. vielleicht hat der mann im bus recht, vielleicht haben sie mich schon längst im

visier. aber wer sollen „sie" sein? und was könnte sie an mir interessieren?
doch auch herr hermann erkannte mit seinem geschulten beraterblick sofort, dass mit mir etwas nicht in ordnung ist
er schaute durch mich hindurch, überlegte einen moment und versprach dann, alles zu tun, was in seiner kompetenz liege, denn vor vielen jahren, bevor er hier seinen sicheren arbeitsplatz antrat, sei er an meiner stelle gestanden. zwar habe er nicht komparatistik studiert, so wie ich, aber er spüre dennoch überdeutlich die ähnlichkeit zwischen uns
ich frage mich, warum alle immer und ohne probleme etwas in mir sehen oder an mir erkennen – gisela, herr hermann, der mann im bus, die burnout-trainerin, meine familie, mein doktorvater
sie alle sehen dinge in mir, die ich nicht einmal im entferntesten an mir vermutet hätte. aber ich bin das auch gar nicht, was die sehen
ich bin das alles nicht

aber warum sehe ich mich selber nicht wie die, es wäre so viel einfacher
immer bin ich ganz anders als das, was die anderen mir zutrauen, was ich sein könnte. immer enttäusche ich alle mit mir
und ich selber bin auch enttäuscht

denn was bin ich schon?
bin ich nur ein spiegelmensch, mit dem kopf zwischen den büchern?
aber meine gedanken, die tasten doch immer noch über-

allhin. dahin, wo meine wünsche gut versteckt überlebt haben
oder bin ich einfach nur lächerlich?

„fressen und ficken“

(nicht daran denken)

wie der mann meine hand in seine drückte, als ich an ihm vorbeiwollte, um auszusteigen. seine finger waren ganz rot vom blut. ein fleck blieb auf meiner haut zurück, auf meiner hand, die ich mir danach bloß an der hose abwischte, aber nicht waschen konnte, weil ich schon zu spät dran war für den schnupperkurs in der burnout-prophylaxe – oder anders gesagt – meiner errettung
und also habe ich immer noch sein blut auf der hand und seine stimme im ohr

„fressen und ficken.
sobald du das unaufhörlich zu denken beginnst,
sieh zu, dass du wegkommst.“

Während der Atem einströmt, verwandelt sich dieses warme, innere Strahlen in Freude. Während der Atem ausströmt, genieße ich dieses gute Gefühl in vollen Zügen.

gut. ich denke jetzt einfach an gar nichts mehr und genieße nur noch
in vollen zügen
wie die ohnmacht bei herrn hermann, die war eigentlich ganz schön
dazuliegen, auf dem fußboden, graues laminat, so wie

es sich für ein amt gehört. die mappe mit den eintausendachthundert berufen, jede berufsbeschreibung fein säuberlich auf eine a4-seite gedruckt, war aufgesprungen, die blätter lagen auf mir und um mich herum verstreut, ich war mit potentiellen möglichkeiten überschüttet und wandte den kopf zur seite, wo neben mir ein knopf auf dem boden lag
ein einzelner grüner kreis
dahinter sah ich herrn hermanns beine unter dem schreibtisch emporwachsen. er trug hausschuhe, erhob sich im nächsten moment, und half mir vom boden auf

natürlich fand ich meine fassung wieder, was hätte ich anderes tun sollen
ich saß auf dem besucherstuhl, hielt mich am wasserglas fest und studierte herrn hermann, während er beim lesen meiner unterlagen am stempelkarussell drehte. daneben stand ein stehkalender, dessen vergangene wochentage akribisch durchgestrichen und übermalt waren
als herr hermann alles gelesen hatte, schaute er mich an und fragte, was dem hinzuzufügen sei. ich nahm mich also zusammen und erzählte ganz gefasst von brecht und den noch zu erforschenden feldern, von seiner elefantensammlung und dass elefanten glück symbolisieren, weswegen ich meiner freundin auch eine kollektion angelegt hätte. gisela, die mit ihrem koffer die wohnung verlassen hatte, ich dürfe sie erst dienstag anrufen, momentan sei sie verschollen, wie brechts koffer in russland, in denen noch weitere manuskripte und elefanten vermutet werden – vielleicht ist aber auch nur alte wäsche darin
herr hermann schwieg, bis ich es wagte, direkt auszusprechen, dass mein innen- und mein außenleben

nicht mehr deckungsgleich zu sein scheinen. dass ich also mein leben offensichtlich verändern müsse, um nicht auseinanderzubrechen
bei diesem punkt nickte herr hermann verständig

„zwei herzen schlagen in meiner brust.“

zitierte er stolz goethe und unternahm in meiner sache anschließend das für ihn sinnvoll erscheinende

Ich atme ein und aus. Ich taste mein Inneres nach einem geschützten Ort ab, wo ich das gute Gefühl, das ich in den letzten Minuten entwickelt habe, aufbewahren und in den Tag mitnehmen kann. Ich suche diese Stelle in aller Ruhe.

dabei ist doch alles ausweglos
allein schon eine stelle zu finden, an der ich ein gutes gefühl aufheben könnte, scheint mir unmöglich
was könnte das auch bei mir sein – ein winkel in mir, in dem etwas noch sicher sein könnte. mir ist, als wäre in meinem inneren alles aufgeraut, im besten fall könnte ich die stechende stelle am herzen oder den kloß im hals umfunktionieren. das gute gefühl als eine art kuckucksei in meine psychosomatische überlastungserscheinung einnisten
das könnte ich
warum auch nicht?
oder ich nehme mir den platz neben dem heizkörper, wo keine wichtigen unterlagen mehr liegen, weil ich sie weggeworfen habe. da wäre jetzt raum dafür, da ist es warm und trocken. mehr erwarte ich mir gar nicht. aber das ist wahrscheinlich auch ein problem

wie alles an mir ein problem für irgendwen darstellt
und jeder fühlt sich befähigt, seine meinung zu äußern, mir seine anschauung aufzudrängen

am ende suche ich mir doch sowieso die falsche stelle aus, selbst wenn ich mir jetzt die mühe geben würde, mich für eine zu entscheiden. entscheidet ja schlussendlich doch immer jemand anderer über mich. wie professor hochedler mit seiner halben dissertantenstelle über brechts lyrische motive in seiner dramatik – wen interessiert das schon?
oder meine eltern, die mich ja unbedingt „richard" nennen mussten
„der starke und reiche", ein königlicher name
total an mir verschwendet, viel zu riesig, um ihn durch mich auszufüllen

und gisela

Langsam – und jeder in seinem Tempo – komme ich mit meiner Aufmerksamkeit in den Raum zurück, lasse die Augen jedoch geschlossen und reflektiere einen Moment darüber, wie es mir mit dieser Übung gegangen ist und was ich davon mit den anderen im Kreis teilen möchte.

nichts will ich teilen
ganz im gegenteil – ich will endlich etwas für mich haben. deshalb bin ich doch da
oder nein, das stimmt ja auch wieder nicht. ich bin da wegen gisela und wegen herrn hermann
weil die eine etwas anderes will und herr hermann das beste für mich – oder eben das, was er für sein früheres ich, das er in mir sieht, für das beste gehalten hat

und ich soll hier sitzen, stellvertretend für die sehnsucht der einen und die wünsche des anderen, und soll mich dabei entspannen
darin eine zukunft sehen, und mich nicht daran stören
fast beneide ich den mann von vorhin, der einen bus als fluchtfahrzeug wählen kann und nichts daran findet, blut in die hand eines fremden zu schmieren
und ich
ich soll über alles hinwegatmen und mein gesicht entkrampfen, als wäre das nicht einfach mein gesichtsausdruck, als wäre ich nicht einfach ein bisschen verbissen
als hätte diese verbissenheit nicht auch ihr gutes gehabt
als wäre das nicht auch eine eigenschaft, eben ein härteres soft skill

was soll ich denn sagen, zu allen, die da entspannt sitzen werden? soll ich sagen, dass ich zwar mein arbeitszimmer ausgeräumt habe, aber dass sich in meinem kopf die unordnung in den gehirnwindungen verbarrikadiert hat und sich nicht ausmisten lässt
oder soll ich zugeben, dass ich befürchte, mich in meinem arbeitszimmer aus versehen selbst als benutzte kaffeetasse mitgezählt zu haben, weil mir das wahrscheinlicher erscheint als dass sechsundzwanzig tassen im karton neben dem altkleidercontainer geblieben sind und nur eine einzige noch gebraucht werden konnte

Wenn ich soweit bin, strecke ich meine Arme, bewege meine Beine und Finger, kreise mit dem Kopf. Ich mache mich ganz groß, so groß es geht, und folge den Bewegungen, die mein Körper mir vorgibt.
Dann öffne ich die Augen.

wenn ich so weit bin
und woher weiß ich, wann ich so weit bin?
so weit, wo?
wo hinein? von wo heraus?

wenn ich meinem körper folge und tue, was er mir vorgibt, dann mache ich mich klein, werde immer kleiner
werde zu einem kleinen kreis auf dem fußboden, wie der grüne knopf, nur noch kleiner und unscheinbarer
so winzig, bis ich in eine inexistenz übergehe und keine fläche mehr biete, in der sich jemand oder etwas anderes spiegeln kann
eine unsichtbarkeit, in der ich mich selbst sichtbar machen kann, ganz heimlich und nur für mich
in der nichts zu wissen übrig bleibt, und wo keine gisela auf dem bett sitzen und sagen kann, dass ich nicht ausreiche – als wäre ich eine variable in einer ihrer versicherungsrechnungen, bei denen nicht vollends auszuschließen ist, dass die rechenmethode falsch ist – und nicht mein wert

Richard, wenn Sie jetzt bitte auch langsam mit der Meditation zu einem Ende kommen könnten …

ja, ich muss die augen aufmachen, ich weiß das
ich weiß, dass es keine option ist, einfach hier sitzen zu bleiben, irgendwann setzt dann doch der harndrang ein. oder durst, hunger, müdigkeit
der körper ist doch immer schon gegen mich gewesen
wenn ich an der reihe bin, werde ich sagen, ich habe immerzu nur an zwei dinge denken können: „fressen und ficken“

dann werden mit sicherheit keine weiteren fragen mehr an mich gestellt werden. und wenn die schnupperstunde vorbei ist, werde ich mir mit aller kraft meinen namen von der brust reißen und mir erst einmal die hände waschen gehen
danach werde ich nach hause fahren und mich neben den heizkörper setzen, wo ich das wort „seeleninfarkt“ im brockhaus nachschlagen werde, denn ich kann nicht glauben, dass es das wort wirklich gibt
und anschließend werde ich mir die zeit nehmen und die ganzen zwanzig brockhausbände durchblättern, um mich zu vergewissern, dass ich nicht im lexikon auftauche
dass es also über mich noch nichts definitives zu sagen gibt, ich alles anders machen oder so lassen kann, wie es ist
ganz, wie es mir vorkommt
ganz, wonach ich mich fühle
wenn ich endlich weiß, wie das geht
und vielleicht wird dann irgendwann gisela wieder auftauchen

Richard, alle warten auf Sie!

und ich auch.

Das Verweilen unter
der schwebenden Last
ist verboten

Das Verweilen unter der schwebenden Last ist verboten

Vierundvierzig Kubikmeter

Das feuchte Zeitungspapier liegt, vom Fensterputzen aufgelöst, auf einem Haufen am Wohnzimmerboden. Die weißen Kunststofffensterrahmen, die erst seit kurzem die alten Fensterlöcher füllen, sind mit Druckerschwärze verschmiert, das Bild des Waldes, dessen Abholzung in der Zeitung angekündigt wird, hinterlässt seine grüne Blätterfarbe wie ein Mahnmal auf dem Fensterkreuz.
Schwitzend schaue ich durch die frisch geputzten Scheiben, auf denen kleine Schlieren ein Eigenleben führen. Mein Gesicht, meine Augen spiegeln sich darin. Dahinter färbt sich der Himmel rot. Die Intensität dieser täglichen Verwandlung des Lichts, für deren Bemerken ich früher aus dem Bürofenster hinaus niemals Zeit gefunden hätte, hält meinen Blick fest. Die Wolken scheinen hellblau, doch eigentlich haben sie keine Farbe.
Schau doch, Marianne: Staubflocken, die über den Himmel flusen.

Der Sonnenuntergang kriecht in unsere Wohnung, über die Raufasertapete hinein in die Ritzen des beigefarbenen Sofas. Die Luft färbt sich zu einem dünnen Blau, wie in Wasserfarbe getaucht erscheint das Wohnzimmer als Aquarium. Ich gehe in diesem Licht unter, öffne und schließe den Mund, als wäre ich ein Fisch, blase Luft in meine Wangen und stürze auf den Laminatboden.

Mühsam richte ich mich auf. Ich halte mich am leeren Regal fest, das unter meinem Gewicht knarzt. Meine Beine machen ähnliche Geräusche, meine Brust fühlt sich an wie ein alter zusammengeschnürter Koffer. Ich atme schwerfällig. Die Bücher aus dem Regal liegen in Kisten, die ich selbst nicht mehr bewegen kann, und drücken Mulden in den billigen Boden. Lebensratgeber, Aphorismenkalender, sogenannte Klassiker.
Du liebst doch Bücher, hast du immer gesagt. Ich habe genickt und kein einziges Buch, das du mir geschenkt hast, gelesen. Geburtstag, Weihnachten, Hochzeitstag, Namenstag. Hesse und die besten Käserezepte aus Holland, das war wohl alles, was du über mich gedacht hast. Oder, Marianne? Ist das alles, was ich für dich bin?

Ich stecke meinen grauen Kopf in den Rachen des Kamins, in dem rollenweise Geschenkpapier verbrannt ist und der jetzt schwarz und kalt aus dem Maul stinkt.
Dieser Tage knistern bloß noch die letzten Zähne im Mund, sage ich zu dir, aber das macht nichts, denn im Altersheim brauchen wir keinen Ofen mehr, weil dort die Fernwärme hinkommt. Ich weiß, wenn du könntest, würdest du mir aus der Informationsbroschüre des Altenheims alles darüber vorlesen und jeden Tag beim Frühstück rätseln, wo diese Ferne wohl ist.

Vierunddreißig Kubikmeter

Ich knie in der Küche vor der Spüle und spreche das Putzgebet: Lass meine Hände das Tuch bewegen. Lass meine Knie das Gewicht ertragen. Lass meinen Rücken

den Kopf festhalten. Herr, ich bin dein Schwamm. Benütz mich. Amen.
Du würdest dich über mich aufregen, dass ich zum ersten Mal und so feierlich unsere Wohnung reinige, jetzt, wo wir gehen müssen. Allerdings kann ich das, was du darüber sagst, nicht mehr alles so deutlich verstehen, also wische ich, über deine Worte hinweg, für dich mit. Den Staub, die Stille, das Blut, die Spinnweben. Dein Altpapier. Denn, wenn ich wirklich mitgehen soll, mit dem weißen Wagen und den zwei jungen Zivildienern, deren Boxershorts durch die weißen Hosen schimmern, dann will ich nicht, dass sie die Absonderungen unserer gemeinsamen Jahre sehen. Den Dreck, den ich dabei aufgewischt haben werde, will ich mitnehmen. Ich schmiere ihn hinein in meine Kleidung, knete ihn in die Handtücher und ganz besonders in deine Kochschürze. Aber wo ist die denn jetzt, die Schürze? Marianne, wo hast du die nur wieder hingelegt?

Wie immer hörst du mir nicht zu, liest Zeitung. Tag und Nacht. Dass es dir nicht zu viel wird. Die immerselbe Seite. Ich kenne den Artikel, den du liest, selbst schon auswendig. Den Bericht über ein abgeholztes Waldstück, auf dem übergangsweise Strauße gezüchtet werden sollen. Immer aufs Neue bist du traurig darüber, dass unser Sommerwald verloren gegangen ist. Blättere doch zur nächsten Seite, Marianne. Umblättern.
Immer scheinst du über der Zeitung eingeschlafen zu sein, wenn ich etwas zu dir sage. Ich höre deinen schweren Atem, er klingt wie der Dunstabzug, in dem die Fleischsonntage der letzten fünfzig Jahre im Filter hängen geblieben sind.

Im Takt deines Schnaufens wische ich mit meinem Bademantel über die Küchenzeile. Blau furniertes Holz. Ich reibe die Türen und Schubladenoberflächen mit Scheuermilch ein. Das Furnier färbt auf den Bademantel ab, schließlich brechen Teile aus der Tür, die Schublade blättert, die kleinen Farbfetzen liegen auf dem Fliesenboden.

Mit meinen aufgeweichten Fingern trage ich eine weitere weiße Schicht Scheuermilch auf und reibe erneut. Wie mit einem Radiergummi, mit dem man in einem alten Malbuch radiert, verliert die Küche dabei immer mehr von ihrer Farbe, verliert schließlich jede Kontur, verliert das Recht, ein Küchenblock zu sein, ein Herd, ein Kühlschrank.

Ich wische und reibe und scheure und bürste und bedecke den Herd mit Winterlandschaften aus Backofenspray, die ich ebenfalls wegwische, wegreibe, wegbürste, wegtrockne. Immer wieder. Ein stechender Geruch, der die Augen tränen lässt und unser Vorgestern und Gestern und Heute doch nicht wegwaschen kann.

Vierundzwanzig Kubikmeter

Mit meinem kleinen Schweizer Taschenmesser zerschneide ich im Schlafzimmer die Matratze, die Polster, die Tuchent, die Bettwäsche, die Heizdecke, das Kirschkernkissen, den Matratzenschoner, das vererbte Katzenfell. Alles schlitze ich auf, während mir der Schweiß von der Stirn tropft und das Herz in die Ohren steigt. Die weißen Daunenfedern fliegen auf, bleiben in meinem

Gesicht kleben, ich puste sie weg und bekomme eine Feder in den Mund, die ich schlucke. Ich huste, als wäre es undenkbar, jemals wieder damit aufzuhören. Dieses Alte-Menschen-Husten, das dich immer gestört hat, stört mich jetzt auch. Schon allein der Ton und das röchelnde Einatmen dazwischen widern mich an. Es ist auch dieses Husten, das die Fenster aufreißt, die Scheiben eindrückt und das Radio unter Blitzen explodieren lässt, während es traditionelle Volksmusik überträgt. Aus dem guten alten Radio, das seit 39 Jahren auf meinem Nachttisch steht, lodern die Flammen. Die Sicherung bleibt davon unberührt, das Deckenlicht flackert nicht einmal, während sich immer mehr Rauch bildet. Die Polsterfedern fliegen durch die Luft und verglühen in den Flammen. Um dich nicht unnötig aufzuregen, schreie ich nicht um deine Hilfe. Stattdessen setze ich langsam, um das Feuer nicht auf mich aufmerksam zu machen, einen Fuß vor den anderen. Ich bin wackelig auf den Beinen, jetzt auf einmal, als ich von außen behutsam die Schlafzimmertür zudrücke und den Schlüssel im Schloss drehe, bis er ansteht.

In meinen Waden flirrt es. Hitze. Bin ich? Ohnmächtig? Die Nacht herrscht zwischen den Wänden und nur im Schlafzimmer brennt noch Licht. Marianne, wo bist du?, flüstere ich und tappe durch die Wohnung auf dich zu. Du rufst nach mir: Georg. Die Tür. Es hat doch schon längst. Geklingelt.

Null Komma zwei Kubikmeter

Als Kind habe ich mit meinem Bruder immer ein Spiel gespielt, auf der Schaukel hinter dem Haus. Ich packe

meinen Koffer. Ich packe in meinen Koffer einen Ball. Ich packe in meinen Koffer einen Ball und ein Bonbon. Ich packe in meinen Koffer einen Ball, ein Bonbon, einen Regenschirm, der schadet nie. Ich packe meine Hauspatschen, unsere Zahnbürsten, die Schürze, die Handtücher, den Locher, die Heftklammern und meine Bürohosen hinein. Den braunen Pullunder. Und zum Schluss mich selbst. Ich lege mich in den Koffer, in dem es weich und warm ist, denn ich habe ihn mit deinen zerlesenen Zeitungspapieren ausstaffiert.
Außerhalb des Koffers wird mit Fäusten gegen die Wohnungstür geschlagen. Mach jetzt nicht mehr auf, flüsterst du im Koffer neben mir und ich bleibe regungslos neben dir liegen.

In der Dunkelheit des Innenfutters kann ich dich nicht mehr erkennen. Ich weiß aber, du bist bei mir und lutschst an dem Bonbon, das schon seit meiner Kindheit im Koffer liegt. Ich höre deine Lutschgeräusche und wie deine Zunge schnalzt. Marianne? Du antwortest nicht. Es ist jetzt ruhig.

Im Koffer ist die Luft für zwei Leben noch dünner als sonst. Ich mache die Augen zu, um Sauerstoff zu sparen. Mir schwindelt, während wir mit dem Koffer vom Boden abheben, durch die Decke gehen, in den Nachthimmel aufsteigen.

Hoch oben halten wir an. Wir kreisen über der Wohnung, dem Haus, durch verdunkelte Wolken. Ich linse durch die Kofferritze. Hier oben zwischen Himmel und Erde sehe ich unser Haus nur noch als glühenden Punkt, so wie man sonst den Mond sehen würde, der jetzt immer mehr zu einem grauen Ungetüm anschwillt. Wir treiben im Koffer als unsere eigenen Habseligkeiten weiter ins All hinaus. Durch die wachsende Entfernung sehe ich das Bild einer durchs Licht reisenden Welt, die es da unten schon lange nicht mehr gibt: Die Bienen fliegen wie Nachthimmel-Flugzeuge mit ihren schwerfälligen Körpern durch den nach Harz und warmen Blütennarben duftenden Sommer. Du bist jung wie ewig nicht, liegst braungebrannt in deinem blauen Bikini im Liegestuhl am Waldrand und liest in der Zeitung. Im Gesicht hast du wieder deine rosarote Landkarte der Überforderung, die sich immer auf deiner Haut abzeichnet, wenn dir die Realität nicht bekommt. In dem Artikel stehe, sagst du, dass die Alterung der Gesellschaft immer mehr zu einer echten Lebensbedrohung für die Nachkommenden werde. Du beschreibst die riesigen Heime, die es bald geben werde. Hohe Zäune werden darum gezogen, um die Mitglieder sogenannter demografischer Problemzonen zusammenzupferchen. In kleine luftleere Zellen werde man sie sperren, prophezeist du mir voller Angst in der Stimme und legst mit der Hand einen Schatten über dein geflecktes Gesicht.

Die Luft flirrt zwischen uns und über meinem Schweigen. Der Schwindel wird stärker, in ihm entfaltet sich das längst vergessene Gefühl, wie gut es getan hat, als junger Mann im Sommer kurze Hosen zu tragen.
Meine Lidinnenseiten haben von all den Erinnerungen zu brennen begonnen, gerade so, als wäre Rauch in die Augen gestiegen.

Übergangsinseln

Übergangsinseln

I

Sehr geehrte Damen und Herren,

ich möchte mich hiermit um die ausgeschriebene Stelle in Ihrer Institution bewerben, für die Sie eine erfahrene Persönlichkeit aus dem Bereich des Veranstaltungsmanagements suchen. Ich kann Ihnen zwar keine langjährige Berufserfahrung bieten, aber ich verfüge über eine umfassende Allgemeinbildung, freundliches Auftreten, Zielstrebigkeit, eine positive Grundhaltung, Fleiß, hohe Kommunikations- und Teamfähigkeit, Organisationstalent, Englisch- und Französischkenntnisse sowie enorme Lernbereitschaft.

Ich bin 29 Jahre alt und lebe seit dem Beginn meines Studiums, das ich mit Auszeichnung abgeschlossen habe, in dieser Stadt. In den Studienjahren hatte ich Gelegenheit, sehr viele theoretische Themenkomplexe kennenzulernen, besonders im Bereich der Soziologie. Darüber hinaus war ich immer bestrebt, ausreichend praktische Erfahrungen zu sammeln, weswegen ich – wie Sie meinem Lebenslauf und den beiliegenden Arbeitszeugnissen entnehmen können – eine ganze Reihe von Praktika absolviert habe.

Für mich ist Ihre Institution einmalig und von unschätzbarem Wert für das Selbstverständnis und die Entwicklung dieser Stadt. So habe ich in den zehn Jahren, die ich hier wohne, miterlebt, wie die städtischen Strukturen immer weiter ausgebaut wurden und die Stadt einen enormen Aufschwung erlebte.

Bisher war mein Leben hier vor allem von der Nutzung dieser Ressourcen geprägt, ich würde mir aber sehr wünschen, auch aktiv und innovativ daran teilzuhaben.

Bei Ihnen in der Veranstaltungsorganisation tätig zu sein, würde weiters alle meine Interessensgebiete abdecken, da dieser Bereich meiner Meinung nach eine wichtige Schnittstelle zwischen Projekt und Wirklichkeit darstellt: Inhalt trifft auf Kommunikation, Raum trifft auf Nutzbarkeit und auch ideelle sowie wirtschaftliche Faktoren begegnen sich dort.

Die ausgeschriebene Position stellt für mich auch längerfristig einen idealen Arbeitsplatz dar und ich habe sehr große Lust, mit viel Elan für Sie tätig zu sein.

Es würde mich sehr freuen, wenn ich mich persönlich bei Ihnen vorstellen dürfte.

Mit freundlichen Grüßen
P. Gruber

II

Sehr geehrte Damen und Herren,

hiermit bewerbe ich mich um die vakante Stelle in Ihrer Human Resources-Abteilung.

Da ich ein Mensch bin, der gut mit anderen Menschen kann, fühle ich mich für die Position hervorragend geeignet.
Gleichzeitig möchte ich Ihnen auch mein generelles Interesse an jedweder freien Position in Ihrem Unternehmen zum Ausdruck bringen.
Ich stehe jederzeit zu Ihrer Verfügung und kann mich wirklich ganz flexibel an jede an mich gestellte Anforderung anpassen. Gerne will ich mich auch vollkommen entsprechend Ihren Erwartungen und Vorstellungen verhalten, mich in die Notwendigkeiten einformen und mich so nahtlos wie möglich in Ihr System einfügen, wenn Sie mich hineinlassen. Das Hineinlassen, ich sage es ganz offen, ist das Entscheidende und liegt in Ihrer Hand.

Zuversichtlich erwarte ich Ihre positive Antwort und freue mich darauf, Ihnen bald alle meine von Ihnen gewünschten Fähigkeiten beweisen zu dürfen.

Mit freundlichen Grüßen
P. Gruber

III

Sehr geehrte Damen und Herren,

ich erlaube mir, mich initiativ bei Ihrem Unternehmen zu bewerben, nachdem ich soeben auf der Berufsmesse Ihre Standbetreuerin Frau Mayer kennengelernt habe. Sie war so freundlich und hat Ihr Unternehmen vorgestellt und mir Ihre Informationsbroschüre mitgegeben, die durch das Angebot von Arbeitsplätzen mit Zukunft und vielfältigen internationalen Karrieremöglichkeiten mein Interesse geweckt hat.

Allerdings vertraute mir Frau Mayer – selbstverständlich in aller Diskretion – darüber hinaus an, dass die Broschüren nicht mehr auf dem neuesten Stand seien, da sich Ihre Firma in einer prekären wirtschaftlichen Lage befinde, auf die Sie vor allem mit Abbau bestehender Arbeitskräfte und Umstellung auf Zeitarbeit reagieren.
Um nichts unversucht zu lassen, schreibe ich Ihnen dennoch. Nicht zuletzt deshalb, weil ich Ihnen mein Mitgefühl für Ihre derzeitige Situation ausdrücken möchte. Sie dürfen mir glauben, dass mir ein gewisses Maß an Not nicht unbekannt ist, weswegen ich Ihnen auch anbieten möchte, für ein geringeres Einstiegsgehalt oder auf Zeitarbeitsbasis bei Ihnen anzufangen. Ich bin der Meinung, in schwierigen Zeiten wie diesen sollten wir alle zusammenhalten und uns gegenseitig den Rücken stärken. Überdies wäre eine Anstellung, selbst unter nicht ganz so günstigen Bedingungen, eine enorme Verbesserung meiner Lebensumstände.

Ich weiß nicht, ob Sie sich vorstellen können, wie es sich anfühlt, sich zur Zielgruppe einer Berufsmesse zählen zu müssen. So eine Messe präsentiert sich zwar zuerst einmal als Ort der vielfältigen Möglichkeiten und lädt mit weit offenen Türen ein. In der Realität aber sah das alles bereits nach dem Eintreten in die Messehalle etwas anders aus: Der Teppichboden klebte, die Stände waren schief aufgebaut und überall lagen zertretene Zettel und Bonbonpapiere herum, für die sich niemand verantwortlich fühlte. Überschwemmt von diesem Gefühl allgemeiner Abgenütztheit hielt ich den Hochglanz-Flyer, den mir jemand in einem riesigen Küken-Kostüm in die Hand gedrückt hatte, wie einen Schutzschild vor mich. Wussten Sie, dass es in so einem Kostüm so heiß werden kann, dass man eine Kühljacke tragen muss, um nicht zu kollabieren?
Ich weiß das, weil ich im Rahmen einer meiner unzähligen Übergangsjobs auch schon so ein Kostüm getragen habe. Allerdings war ich kein lachendes Küken, sondern ein fröhlicher Joghurtbecher, musste darin durch die sommerliche Fußgängerzone tanzen und Kostproben einer erfolglosen Geschmacksrichtung verteilen.

Seit damals frage ich mich übrigens immer wieder, ob es Passanten tatsächlich interessiert, wer oder was ihnen ein Gratisprodukt in die Hand drückt oder ob solche Aktionen nicht nur reine Dienstleistungsschikanen sind. Natürlich ist das nicht Ihr Problem und Frau Mayer durfte ja auch ihre Privatkleidung tragen. Trotzdem würde es mich sehr interessieren, was Sie, also Sie ganz persönlich, darüber denken.
Der Hochglanz-Flyer versprach im Übrigen, dass sich eine sehr große Versicherung am allermeisten für MICH

und meine Zukunft engagiere. Ohne Umwege ging ich deshalb zum unübersehbaren Infostand dieser Versicherung, wo ein junger Mann in hellblauem Anzug meine Daten in ein kompliziert wirkendes Computerprogramm eingab. Eine Flash-Animation, die meine finanzielle Lage veranschaulichen sollte, schoss quer über den Bildschirm steil nach unten. Wahrscheinlich wäre sie sogar mit voller Wucht in den Teppichboden eingeschlagen und hätte davor noch die Tastatur und den Stehtisch mitgerissen, hätte der Monitor nicht die natürliche Grenze gebildet. Sehr sachlich klärte mich der wohl gleichaltrige Mann im Anzug darüber auf, dass sich in meinem „fortgeschrittenen" Alter, also mit fast 30 Jahren, leider keine private Vorsorgeversicherung mehr auszahlen würde. Besonders aufgrund meines derzeitigen, nicht vorhandenen Beschäftigungsverhältnisses.
Etwas verlegen standen wir, der Versicherungsvertreter und ich, uns gegenüber, bis er mir entschuldigend erklärte, dass es nicht seine Schuld oder die der Versicherungsgesellschaft sei. Im Grunde sei es nicht einmal meine eigene, denn heutzutage beginne Privatvorsorge bereits im Mutterbauch, weswegen am ehesten noch meine Eltern diesbezüglich zur Rechenschaft gezogen werden könnten.

Irritiert verließ ich den Stand mit einer Hand voll kostenloser Birnenbonbons, die ich mich nicht zu lutschen traute, weil ich auch nicht die Zahnzusatzversicherung habe, die darauf beworben wurde. Stattdessen tauschte ich die Bonbons bei einer freundlichen Dame am Stand für Arbeitsrecht gegen ebenso kostenlose und außerdem zuckerfreie Bachblütenlutscher ein. Gleich neben diesem

Stand befand sich endlich – und darauf wollte ich eigentlich von Anfang an hinaus – Ihr Messestand.
Dass Sie keine Gratisbonbons als Köder ausgelegt hatten, fiel mir augenblicklich positiv auf und so ließ ich mich von Frau Mayer ausführlich über Ihr Unternehmen ins Bild setzen. Nach dem konstruktiven Gespräch überreichte sie mir einen Ihrer wirklich gut verarbeiteten Werbekugelschreiber, mit dem ich mich sofort auf den Weg nach Hause machen wollte, um hochmotiviert meine Bewerbung an Sie zu verfassen.

Da saß ich nun aber an meinem Küchentisch, starrte auf Ihren Kugelschreiber, auf den Bleistift, den mir beim Verlassen des Messegebäudes ein Schüler gegen den Kopf geworfen hatte, und die sinnlose Vorsorgebroschüre, und mir fiel nichts ein. Es gab nichts, was ich Ihnen im Rahmen meiner Initiativbewerbung Außergewöhnliches anbieten konnte. Regungslos saß ich einfach nur da und überlegte so lange, bis es dunkel wurde.

Erst beim Betätigen des Lichtschalters wurde mir, so sonderbar es klingen mag, etwas Grundlegendes bewusst: Wäre ich weniger wie ich und mehr wie MacGyver, wären ein Kugelschreiber, ein Bleistift und eine Broschüre eine mehr als ausreichende Basis, um mehrere Zivilisten zu retten oder eine Naturkatastrophe abzuwenden. Und auch, wenn sich die Zeiten geändert haben und eine Einzelkämpfer-Figur wie MacGyver heutzutage nicht einmal mehr im Fernsehen vorstellbar wäre, ist es doch so, dass alle Dinge und Möglichkeiten einzig von mir ausgehen können und ich mir ganz einfach nicht mehr erwarten darf als das, was eben vorhanden ist. Darum muss ich doch wenigstens versuchen, meinen Weg zu gehen, selbst, wenn am Ende meine Bemühungen nicht ausreichen sollten. Oder nicht?

Ich hoffe, ich habe Sie nun nicht vollkommen überrumpelt und Sie beantworten alsbald mein Schreiben. Selbstverständlich bin ich auch dafür offen, Ihre Messestände auf Berufsmessen zu betreuen, sollte Frau Mayer irgendwann nicht mehr zur Verfügung stehen. Gerne komme ich auch jederzeit bei Ihnen vorbei, um mich persönlich vorzustellen oder Probearbeit zu leisten.

Bis dahin überlege ich mir schon einmal vorsorglich – um Ihnen meine Improvisationsbereitschaft zu beweisen – spannende Antworten auf die, laut meinen Bewerbungsratgebern, beliebte Frage, welche fünf alternativen Anwendungsweisen eines Bleistifts es gibt.
Bislang sind mir vier eingefallen, aber wenn ich dann vor Ihnen sitze, werde ich auf die Frage perfekt vorbereitet sein.

Mit freundlichen Grüßen
P. Gruber

IV

Sehr geehrte Damen und Herren,

ich möchte Sie kurz darüber informieren, dass der Berufseignungstest, den Sie auf Ihrer Homepage anbieten, offenbar defekt ist. Nach mehrmaligem Durchführen des Multiple-Choice-Tests, auch in beliebigen Antwort-Variationen, wurde mir jedes Mal der Vorschlag unterbreitet, „HundeführerIn" zu werden.

Nun weiß ich nicht, ob es derzeit einen krassen Mangel an HundeführerInnen in diesem Land gibt und deshalb dieser Beruf häufiger angeboten wird, was ich allerdings als höchst unseriös empfände. Natürlich ist auch nicht auszuschließen, dass ich ein bislang unentdecktes Talent für die Tierdressur habe, glauben tue ich das allerdings nicht, da ich mich auch nach der intensiven Lektüre weiterführender Berufsinformationen nicht für dieses Arbeitsfeld erwärmen kann.

Weiters möchte ich Sie auf die vielleicht etwas unglücklichen Ausführungen in den Tätigkeitsbeschreibungen auf Ihrer Homepage hinweisen. So wird der Beruf „HundeführerIn" zwar offensichtlich lanciert, gleichzeitig erklären Sie aber bereits im ersten Absatz, dass es in diesem Bereich einen ständigen Stellenrückgang gibt. Generell ist mir aufgefallen, dass Sie den Beruf eher abschreckend beschreiben. Wiederholt erwähnen Sie die niedrige Entlohnung und weisen auf das große Risiko dieser Arbeit hin, da man häufig in Gefahrenzonen wie Lawinengebieten oder Flughäfen bei Terroralarm eingesetzt wird.

Zuletzt erscheint mir auch der „Tipp“ im rot markierten Textfeld wenig praktikabel, bei dem Sie vorschlagen, aufgrund der wenigen freien Stellen einfach selbst eine spartennahe Institution, wie beispielsweise einen Hundekosmetiksalon, zu eröffnen.
Mir ist zwar in letzter Zeit aufgefallen, dass das Stadtbild immer deutlicher von Wettbüros, Goldankauf-Läden, Apotheken sowie Kraft- und Hundenahrungsgeschäften geprägt wird, trotzdem kann ich mir nicht vorstellen, dass der Bedarf an Hundekosmetiksalons unstillbar ist.

An zweiter Stelle des Testergebnisses steht übrigens mit einigem Punkteabstand jedes Mal der Beruf „PortierIn“. Ich möchte weder HundeführerInnen noch PortierInnen diskreditieren, da beides wichtige und sinnvolle Beschäftigungen sind, aber dieses Ergebnis überrascht mich doch sehr, denn auch wenn ich verschiedene Antworten gegeben habe, am Ende jedes Testlaufs habe ich immer „AkademikerIn“ als höchste Bildungsstufe angeklickt. Daher kann ich nicht nachvollziehen, warum mir statt ausbildungsadäquater Berufe nur Positionen angeboten werden, bei denen keinerlei Grundkenntnisse nötig sind, sondern nur körperliche Kraft und die Bereitschaft, einen Wochenendkurs zu besuchen.

Vielleicht wirkt das auf Sie arrogant, aber ich hoffe, dass ich nach einer doch recht umfangreichen Ausbildung einen wesentlicheren Beitrag für die Gesellschaft leisten könnte als auf Hunde oder Gebäude aufzupassen.
Ich gebe zu, dass ich mir selbst nicht ganz im Klaren darüber bin, worin dieser Beitrag bestehen soll, sonst hätte ich wahrscheinlich auch nicht den Berufseignungstest

auf Ihrer Homepage mehrere Male wiederholt. Dass alle ausgefüllten Fragebögen aber stets zum immer gleichen, einem mir nicht im Geringsten entsprechenden Ergebnis führen und es nicht an einem Defekt Ihres Programms, sondern an mir liegen soll, kann einfach nicht stimmen.

Mit der Bitte um Überprüfung Ihrer Logarithmen und freundlichen Grüßen
P. Gruber

V

Sehr geehrte Damen und Herren,

ursprünglich wollte ich mich mit diesem Brief um die freie Assistenzstelle in der Museumspädagogik bewerben. Doch als ich Ihr naturkundliches Museum besuchte, um mich vorab zu informieren und mir anzuschauen, ob ich mir die Tätigkeit in Ihrer Institution zutrauen würde, erkannte ich auf einmal, dass ich einem grundlegenden Irrtum aufgesessen war.
In Ihrem Saal mit den europäischen Singvögeln wurde mir klar, dass ich die Redewendung mit dem Glück und dem Vogerl ein Leben lang falsch aufgefasst hatte, und schlimmer, mir dadurch ein vollkommen falsches Bild vom Glück an sich gemacht hatte. Sie müssen wissen, dass ich ganz unhinterfragt angenommen hatte, „das Glück ist ein Vogerl“ bedeute, dass das Glück frei und singend durch die Luft schwebe und sich seiner Existenz erfreue, ein Bild, das mich schon oft getröstet hat. Doch da im Vogelkabinett, in dem alle Vögel starr auf Holzstöckchen drapiert und mit lateinischen und deutschen Bezeichnungen versehen waren, wusste ich plötzlich instinktiv, dass die Wahrheit eine andere ist, dass das Glück uns stets entwischt, wie ein Vogel, der sich nicht einfangen lässt.

Zuerst lief ich irritiert durch die Säle, schaute mir all die dort ausgestellten Tiere an und überlegte, was ich über sie dachte und was davon wohl richtig sein könnte. Langsam begann dadurch eine Klarheit in mich zurückzukehren und die Räume auszufüllen, die ich, dem auf biologischer Systematik fußenden Raumkonzept folgend, der Reihe nach durchschnitt. Als ich schließlich das ganze Museum abgegangen war, blätterte ich noch lange in den Büchern des Museumsshops und begeisterte mich auf ganz neue Art für Darwins Prinzip des „Survival of the fittest" sowie für ein Handbuch der Zoologie, in dessen Appendix sich eine Do-it-yourself-Anleitung für die taxidermische Präparation verschiedener Tiere befand.

Wie gesagt war der ursprüngliche Impuls, Ihr Museum zu besuchen, die Überlegung, bei Ihnen zu arbeiten. Dort, zwischen all den ausgestopften Tieren passierte aber eine sonderbare Transformation mit mir. Ich fühlte mich zum ersten Mal seit langer Zeit wie ein glücklicher Mensch. Alles erstaunte und begeisterte mich. Die Wirbeltiere, die Fische, die Fossilien, die Dinosaurier, sogar das Glas der Vitrinen und deren Holzsockel. Wie elektrisiert verließ ich das Museum, im Kopf die komplizierten wissenschaftlichen Bezeichnungen für das Leben wiederholend, die den toten Tieren hinter den Scheiben einen Existenzanspruch über den Tod hinaus zubilligten. Doch schon wenige Minuten nachdem ich das Gebäude verlassen hatte und mit der Straßenbahn auf dem Weg nach Hause war, wusste ich auf einmal nicht mehr, ob ich Besucher oder Objekt der Ausstellung sein wollte, und schließlich war meine Unklarheit darüber so weit angewachsen, dass ich mich in meiner Wohnung noch im Mantel verzweifelt auf den Boden warf und zu heulen begann.

Jetzt, da ich mich wieder beruhigt habe, denke ich, dass sowohl meine Begeisterung als auch mein Kummer mit

meiner Ahnung zu tun haben müssen, dass ich mich evolutionär nicht durchsetzen werde. Mein Körper ist schwach, eine Übergangshülle, die offensichtlich irgendwo zwischen Neandertaler und einer optimierten Zukunftsversion des Homo sapiens anzusiedeln ist. Ich glaube, auch wenn die Spezies Mensch nicht unbedingt aussterben wird, so wird es nach mir niemanden mehr geben, der genauso sein wird wie ich.
Ich werde weg sein und niemals werden sich die Gedanken so wiederholen, wie ich sie gedacht habe. Niemand wird meine Angst fühlen können, die, eingebildet oder nicht, meine Tage erfüllt hat, und auch meine Träume werden unwiederbringlich ausgelöscht sein.

Bitte halten Sie mich jetzt nicht für naiv, ich verstehe natürlich, dass sich alles gezwungenermaßen weiterentwickeln muss. Das Wissen darum gibt mir nicht zuletzt auch die Hoffnung, dass es so, wie es ist, eben nicht bleiben wird. Trotzdem hänge ich auch an meinem Leben und der erlebten Zeit, die nichts wert gewesen sein wird, wenn ich erst weg bin. Besonders, da doch die Welt immer schnelllebiger wird und notgedrungen immer mehr vergessen werden muss. Gerade deshalb möchte ich einen Beitrag leisten. Gegen das Vergessen des Jetzt, des Heute und Hier, selbst wenn es kein geschichtliches oder gesellschaftliches Optimum darstellt. Kurz, ich möchte zur Konservierung der Gegenwart, eben weil sie unvollkommen ist, etwas beisteuern: mich selbst.

Vielleicht sollte ich, bevor ich näher auf meinen Vorschlag eingehe, erwähnen, dass es sich hier nicht um eine spontane Eingebung handelt, sondern dass ich schon

länger darüber nachdenke, was aus mir werden soll, wenn ich einmal tot bin. Bislang habe ich keine Familie gegründet und rechne auch nicht mehr damit. So wird es also niemanden geben, dem meine sterblichen Überreste etwas bedeuten könnten.
Vor einiger Zeit versuchte ich deshalb bereits, meinen Körper der Wissenschaft zu spenden. Die Universitäten erhalten jedoch sehr viele Bewerbungen für Körperspenden, sodass ich durch die eingeführte Altersgrenze vorerst noch viel zu jung bin, um in Frage zu kommen. Außerdem müsste ich einen Beitrag von 450 Euro an die Universität entrichten, eine Summe, die ich derzeit ohnehin nicht so ohne Weiteres aufbringen kann. Schlussendlich bliebe bei so einer Spende an die medizinische Fakultät auch stets ein Restrisiko bestehen, denn aufgrund eines Unfalls, fehlender Organe oder einer ansteckenden Krankheit könnte ich kurzfristig abgelehnt werden.
Auch die zweite Möglichkeit, nämlich die, meinen Körper einer Körperwelten-Ausstellung zur Verfügung zu stellen, habe ich mir gründlich durch den Kopf gehen lassen. Ich kann mir vorstellen, dass es für viele Menschen reizvoll ist, als Kunstobjekt in die Ewigkeit einzugehen. Mir wäre es jedoch, offen gesagt, tausendmal lieber, im wissenschaftlichen Umfeld für etwas stehen zu dürfen, und nicht bloß als kunstvoll aufgeklappter Körper in der stilisierten Pose eines Basketball- oder Schachspielers etwas darzustellen.

Ich weiß, dass das Ausstopfen von Menschen ein schwer zu überwindendes Tabu darstellt, nicht zuletzt, weil dieses durch eine Vergangenheit, in der es vielfach

unfreiwillige menschliche Präparationen gab, durchaus seine Berechtigung hat. Bitte berücksichtigen Sie jedoch unbedingt, dass meine Situation eine vollkommen andere ist.
Darüber hinaus kann niemand wissen, wie die Zivilisation in ein paar hundert Jahren zu dieser Sache stehen wird, bereits jetzt finden doch die Körperwelten-Ausstellungen einen enormen Anklang. Und sogar in Ihren Ausstellungsräumen zeigt sich deutlich, dass sich über die Zeit ästhetische und moralische Vorstellungen der Natur immer wieder stark verändert haben. So habe ich einige Exponate gesehen, die schon vor mehreren Jahrhunderten augenscheinlich gerade aus Gründen des Exotismus präpariert wurden, und bis heute sind diese Präparate offensichtlich aufgrund ihrer Einmaligkeit von Wert und Interesse, sonst wären sie wohl nicht mehr Teil der Ausstellung.
Ich kann mir vorstellen, dass Sie sich jetzt erst einmal etwas vor den Kopf gestoßen fühlen. Mir ist auch bewusst, dass Sie mich als Spende für ein Schulskelett wahrscheinlich ohne Weiteres annehmen würden.
Dennoch wäre ich sehr erfreut, wenn sie sich dazu entschließen könnten, mich tatsächlich eines Tages taxidermisch aufbereiten zu lassen, um so meinem Körper irgendwann, über meine Existenz hinaus, einen abschließenden Sinn zu geben.

Im Übrigen scheint Ausstopfen laut der Do-it-yourself-Anleitung des zoologischen Handbuchs in Ihrem Museumsshop gar nicht so aufwendig zu sein: Die Knochen werden ausgekocht, die Haut wird gegerbt und die Zwischenräume füllt man mit PU-Schaum auf. Das ist anscheinend bei allen größeren Tieren gleich und wird darum auch beim Menschen in etwa so sein.

Bitte überlegen Sie sich meinen Vorschlag.

Mit freundlichen Grüßen
P. Gruber

PS: Auch für die Stelle in der Museumspädagogik stehe ich gerne zur Verfügung.

VI

~~Liebe~~ Sehr geehrte ~~Damen und Herren,~~ r ~~Herr Lohner~~
~~Herr DR. Lohner~~
~~Sehr geehrte~~ Damen und Herren ~~der~~
~~An die Personalabteilung~~
~~Guten Tag!~~

hiermit ~~spreche ich mein~~ bewerbe~~n~~ ich
~~ich möchte mich bewerbe interessiere~~ mich
~~für die Position~~
~~ich stelle mich hier vor möchte~~ bei Ihnen ~~kurz gerne~~
~~mein Name ist An ich heiße~~ mit ~~Vornamen~~
~~es ist nicht meine~~ Absicht~~, Ihre Zeit zu~~

~~Sie kennen mich~~ nicht

~~ich ich~~ ich*

** Ich bitte Sie, denken Sie sich einfach selber, was Sie gerne hier lesen und über mich erfahren würden und vor allem, was Sie von mir überzeugt. Es reicht, wenn Sie mir im Anschluss kurz schriftlich oder im Rahmen eines Bewerbungsgespräches mitteilen, wie ich mich für Sie und Ihr Unternehmen gestalten soll. Wie fast alle Menschen meines Alters, die keine Wahl haben, bin ich sehr anpassungsfähig und zu fast allem bereit.*

VII

Sehr geehrte Damen und Herren,

ich wende mich bezüglich Ihres heutigen Absageschreibens an Sie, in welchem Sie mir mitteilen, dass es Ihnen sehr leid tue, Sie sich jedoch aufgrund meiner „Überqualifikation“ für jemand anderen entscheiden mussten.

Vorweg möchte ich Ihnen meine Wut und Empörung über diese unmögliche Form von Rückmeldung ausdrücken, die Sie wahrscheinlich eins zu eins an alle abgewiesenen BewerberInnen geschickt haben.
Eine Arbeit, die man gern im besten Wissen und Gewissen ausgeführt hätte, nicht zu bekommen, weil man zu gut dafür sei, ist mir vollkommen unverständlich. Ich sehe auch nicht ein, mir von einem Arbeitgeber so etwas sagen zu lassen, sollte es doch sein ureigenstes Interesse sein, jemanden einzustellen, der so gut wie irgend möglich für eine Stelle geeignet ist. Davon, dass der- oder diejenige, der oder die den Arbeitsplatz bekommen hat, von derartigen Antworten ziemlich degradiert wird, fange ich gar nicht erst an. Überhaupt sehe ich wenig Sinn darin, Ihnen noch ausführlicher meine Entrüstung auszudrücken, vielmehr möchte ich Ihnen mitteilen, dass ich Ihren nichtssagenden Ablehnungsgrund nicht akzeptiere.

Stattdessen ziehe ich meine Bewerbung bei Ihrem Unternehmen mit sofortiger Wirkung zurück, denn ich kann und will mir das nicht länger antun. Diese billigen Absagefloskeln habe ich ebenso satt wie die inhumanen

Geheimcodes in Arbeitszeugnissen und meine eigenen, sich immer unterwürfiger anbiedernden Bewerbungsschreiben, die ohnehin nichts Wesentliches über mich mitzuteilen vermögen.

Mein ganzes Leben über habe ich einen inneren Antrieb gespürt, die Dinge, die ich tue oder zu tun habe, so gut und gewissenhaft wie möglich zu erfüllen. Deshalb habe ich jahrelang studiert und mich in den verschiedensten Bereichen engagiert. Sogar teure Intensivkurse für Fremdsprachen und Computerprogramme sowie massenhaft unbezahlte Praktika habe ich absolviert und eine gefühlte Unendlichkeit darauf verwendet, mich selbst zu optimieren, um meine zukünftige Rolle in der Arbeitswelt und damit in der Gesellschaft bestmöglich einzunehmen. Ich war bereit, jede Hürde zu überwinden, nur um irgendwann dazuzugehören und meinen Teil beizutragen. Dafür habe ich unzählige Bewerbungen verfasst, genetzwerkt und versucht, es allen – wirklich allen – recht zu machen. Bis irgendwann dieser mir eigene, innere Antrieb auf einmal stillstand.
Erst habe ich gar nicht bemerkt, dass all meine Kräfte aufgebraucht waren, weil ich so damit beschäftigt war, nicht aufzugeben. Erst im Rückblick ist mir jetzt klar, wie sehr ich die ganze Zeit schon unter all diesen Dingen gelitten habe: unter dem Abheften der unbeachtet gebliebenen Bewerbungsschreiben, der hundertsten perfekten Lebenslaufversion oder den abendlichen Mimik-Übungen vor dem Spiegel, um bei etwaigen Vorstellungsgesprächen auch unter Druck den authentisch entspannten Gesichtsausdruck hinzubekommen. Überhaupt kommt es mir mittlerweile mehr als lächerlich vor,

wie viel Zeit ich damit verschwendet habe, mich in den Augen anderer als unentbehrlich darzustellen.

Natürlich weiß ich, dass Sie auch nichts dafür können und dass Sie dies jetzt nur deshalb lesen, weil Sie dafür bezahlt werden – und das wahrscheinlich nicht einmal angemessen.
Aber trotzdem: Was soll ich machen, wenn es einfach nicht mehr aufhört, wehzutun?

Ja, Sie persönlich haben das nicht verschuldet. Nicht einmal das Unternehmen, für das Sie arbeiten und für das ich nicht arbeiten darf, weil ich angeblich zu gut dafür bin, kann genau genommen etwas dafür.
Die Schuld trägt etwas Generelleres, die Tatsache, dass wir alle nur Rädchen in dieser zu jedem Opfer bereiten Wirklichkeitsmaschine sind, in der wir uns alle abstrampeln und unsere Rollen, die wir niemals loswerden können, zu spielen versuchen. Ohne einen Sinn zu erkennen und ohne zu erfahren, warum eigentlich so und nicht anders. Ohne zu wissen, was wir damit anrichten, und ohne die Hoffnung, den Lauf der Dinge irgendwie zu stoppen.

Dabei gäbe es so viel, was man eigentlich verhindern und überwinden müsste.
Die vielen unerfüllbaren Erwartungen vor allem, die durch Eltern, Umfeld, Medien und durch einen selbst auf einem lasten. Die einem die Luft abschnüren, während das Herz, gewissenhaft, wie es ist, die wie ein Tumor wuchernde Entmutigung durch die Adern in alle Teile des Körpers pumpt.

Jeden Tag fällt es mir schwerer zu akzeptieren, dass diese Realität, so wie sie ist, mir angewachsen scheint und also unabänderlich mein Leben zu sein hat, und so will ich mit aller Kraft an der kleinen Chance festhalten, dass es doch noch möglich ist, dass alles ganz anders sein könnte.

Darum vernichten Sie bitte meine Bewerbungsunterlagen, die ich wider jede Vernunft und Selbstachtung an Sie gesandt habe.

Je öfter Sie sie zerreißen, desto besser.

P. Gruber

VIII

Sehr geehrte Damen und Herren,

ich richte diesen Brief an einen unbekannten Adressaten. Mir ist das nicht unbedingt neu, denn ich habe in letzter Zeit viele solcher Schreiben verfasst. Trotzdem fühlt es sich heute anders an, wahrscheinlich weil ich mich nicht so gut wie möglich an Sie verkaufen muss. Ich glaube sogar, dass ich diese Zeilen zum ersten Mal nur für mich schreibe und nicht für etwas, auf das ich hoffe oder von dem ich glaube, dass Sie es von mir erwarten könnten. Dass ich nichts über Sie weiß und ich auch nichts wissen muss, erfüllt mich mit einem Gefühl von Freiheit. Gleichzeitig bin ich aber auch neugierig, wer Sie wohl sein werden und warum Sie sich in meiner Wohnung befinden. Schon seit dem Aufwachen gehen mir diesbezüglich Szenarien durch den Kopf: Erstens, Sie sind von der Gebäudeverwaltung geschickt worden, weil ich auch nach mehrmaligem Abmahnen die fällige Mietsumme nicht überwiesen habe. Zweitens, Sie sind in meine Wohnung eingebrochen, um etwas mitzunehmen. (Wenn dem so ist, nehmen Sie, was immer Sie brauchen können.) Oder drittens, Sie sind von der Polizei, die von einer der Nachbarparteien alarmiert wurde. Vielleicht sind Sie ein Mann, vielleicht sind Sie eine Frau. Unter Umständen sind Sie auch mehr als eine Person.

Worin ich mir allerdings sicher bin, ist, dass es einige Zeit in Anspruch genommen hat, bevor mein Verschwinden bemerkt worden ist. Die Wohnung wird leer

stehen und Staub angesammelt haben, sie wird schon von mir entwöhnt sein.
Ich werde zu dem Zeitpunkt, an dem Sie jetzt hier stehen, bereits einen weiten Weg zurückgelegt, häufig neue Richtungen eingeschlagen und die Zickzacklinie, die meine Spur hätte sein können, verwischt haben.

Bitte entschuldigen Sie, dass ich Sie in eine ungewisse Situation gebracht, Sie eventuell für ein paar Minuten sogar in eine kurze Panik versetzt habe, als Sie die Wohnungstür unverschlossen vorfanden. Ich stelle mir vor, wie Sie wachsam die Wohnungstür geöffnet, gelauscht, gerochen, nach mir gerufen, und sich erst dann hereingewagt haben. Ich stelle mir vor, wie Sie erleichtert aufgeatmet haben, weil die Wohnung verlassen ist, und wie nach diesem kurzen Moment der Entspannung eine neue Irritation über Sie gekommen sein muss, sobald Sie bemerkt haben, dass ich so gut wie alles zurückgelassen habe. Sogar das Frühstück steht noch auf dem Tisch, als wäre ich nur kurz in den Supermarkt gelaufen, um frische Milch zu holen.
Vielleicht haben Sie sich jetzt auch schon zu fragen begonnen, was für Dinge mir zugestoßen sein könnten. Ich darf Sie versichern, mir ist nichts passiert. Es geht mir gut!
Ich danke Ihnen aber für alle Gedanken, die Sie sich bis jetzt über mich gemacht haben, und für die Fragen, die Sie sich gestellt haben. Ich denke mir, dass Sie wahrscheinlich in einem Arbeitskontext hierhergekommen sind, und so weiß ich Ihre Gefühle, für die Sie nicht bezahlt werden, besonders zu schätzen.

Da ich davon ausgehe, dass Ihre Vorgesetzten oder die Polizei, die Sie womöglich schon gerufen haben, Fragen haben werden, will ich versuchen, mich in aller Kürze so gut wie möglich zu erklären.

Schon länger, vor allem aber in den letzten Tagen, saß mir der Satz „Manchmal wünsche ich mir ein anderes Leben“ im Kopf. Wie bei einem Ohrwurm ist er hinter meiner Stirn auf und ab rotiert, er hat in meinen Ohren geklungen, und immer mehr ist aus diesem Satz ein Unwohlsein entstanden, das ich durch eine sinnlose Endlosschleife von Internet-Videos zu verdrängen versucht habe. Dokumentationen über das Prekariat, Armut trotz Arbeit, Jugendarbeitslosigkeit. Enthüllungen über die Manipulationstechniken beim Supermarkteinkauf oder über geplante Obsoleszenz. Ich habe mir Unboxing-Videos von teuren Kaffeemaschinen angeschaut, Tiergeburten und Kinder, die von ihren Eltern in der Hoffnung auf Werbeeinnahmen dabei gefilmt werden, wie sie entwürdigende – aber durchaus niedliche – Dinge tun. Ich habe schlechte und gute Coverversionen berühmter und zu Recht unbekannter Lieder gehört und gelernt, wie man mit einem Lockenstab, einem Lötkolben und einem Kompass umgeht. Die Zubereitung exotischer Gerichte, deren Zutaten ich mir nicht leisten kann, studierte ich ebenso intensiv wie die Tiraden diverser Prediger, die den Weltuntergang heraufbeschwören. Ich habe erlebt, wie Menschen erhängt, geköpft, erschossen oder gefesselt wurden und wie Jugendliche, die in Bierzelte gehen, um dort bei Polkamusik komazusaufen, stolze Selfies von sich machten.

Rund um die Uhr sind die Bilder an mir vorbeigeströmt und ich habe versucht, sie in meinen Kopf zu zwingen. Sie sind jedoch an diesem einen Satz einfach abgeperlt, der sich immer mehr zu einem „Ich will ein anderes Leben“ verdichtet hat.
Während meine Augen dem Monitorbild gefolgt sind, habe ich insgeheim längst meine Möglichkeiten abgewogen, habe aber keine einzige Option für mich gesehen. Weder draußen, wo es nur noch diesen wahnsinnigen Konsum – nicht nur von Waren, sondern vor allem auch von Gefühlen, Menschen, Wahrheiten – zu geben scheint, bei dem ich nicht mithalten kann. Noch drinnen, wo ich mich eingesperrt fühle, mich die Wände erdrücken und meine Gefühle, die sich in mir wie Sperrmüll stapeln, keinen Platz haben. Ich wäre auch bereit, das alles zu ertragen, wenn ich nur wüsste, dass es sich für die lohnen könnte, die nachkommen. Aber nach mir, und auch generell, kommt wahrscheinlich nicht mehr so viel.

Sie dürfen mir glauben, dass sich diese Ausweglosigkeit immer weiter in mir ausgedehnt hat. Bis ich heute Nacht aus einem sehr tiefen Schlaf erwacht bin, wie ich ihn zuvor noch nicht gekannt habe. Ich habe die Augen aufgerissen und all die Schwere und Hoffnungslosigkeit waren auf einmal verschwunden.
Stattdessen hatte sich ein Traumrest in mir festgehakt, der eine Erinnerung an mich selbst war. Ich, noch klein, auf Augenhöhe mit der Tischkante, halte einen gelben Kübel, in dem eine rote Plastikschaufel liegt. Ganz deutlich kann ich die Freude über das Geschenk und das gute Gefühl in der Hand, sich jetzt endlich richtig durch den Sand arbeiten zu können, immer noch spüren. Seit dem

Aufwachen nehme ich durch dieses Gefühl alles andere in einer angenehmen Verschwommenheit wahr, und nur den Kübel sehe ich ganz deutlich vor mir: Auf dem gelben Plastik sind Wolken und Segelboote auf dunkelblauem Wasser aufgedruckt.

Ich weiß nicht, ob Sie mich anhand meiner Worte verstehen können, aber besser kann ich es im Augenblick nicht sagen. Provisorisch will ich das Gefühl als Überlebenstrieb benennen. Oder vielleicht auch als plötzliche Erkenntnis, dass hier nichts mehr geht und ich weg muss.

Wissen Sie, einem unbekannten Ziel entgegenzugehen, ist vielleicht mit der Suche nach einer noch unbekannten Insel vergleichbar. Wahrscheinlich ist das sogar ein urmenschlicher Topos, auszufahren, um etwas Neues zu suchen und das Aufgefundene in Besitz zu nehmen.
Ich suche allerdings nicht nach einer tatsächlich existierenden Insel, für mich ist die bloße Idee dieser Insel das Entscheidende. Wenn ich mich jetzt und hier nach dieser Insel sehne, dann nicht danach, sie zu betreten. Vielmehr werde ich die Insel sein. Ich werde zu ihr ausufern, mich zur Insel transformieren und sie aus mir und gleichzeitig mich aus ihr wachsen lassen. Ich muss als Insel nichts Großes sein, eine kleine Landmasse ist mir sogar lieber. Als Atoll im Meer vielleicht, oder auch als unwirtliche Scholle würde ich mir gefallen.
Ich wünsche mir, eine unscheinbare, auf den Landkarten unauffindbare Fläche zu werden, ein unentdeckter Ort in der Weite der Vorstellungskraft und der Wellen. Ich fühle bereits tief in meinem Inneren, wie ich, die Insel, aus dem Schlick und Geflecht meiner Gedanken,

Träume und Hoffnungen entstehe und mich allmählich zu Stein verhärten werde.

Fragen Sie mich nicht, wie das alles genau vonstattengehen wird, denn noch weiß ich es nicht. Anfangen werde ich, wie die Landschaften es halten, werde existieren und die Zeit machen lassen.

In welchem Ozean ich liegen und ob ich eckig, rund, sandig, steinig, erdig, feucht oder eingebildet sein werde, wird sich zeigen. Es ist mir auch vollkommen gleich, denn ich spüre, dass ich mir als Insel selbst genug sein darf und endlich ohne Eile und Angst dem Kommenden entgegensehen werde können, während ich in einer unvorstellbaren Langsamkeit zwischen den Erdplatten treiben werde. Ich und eine blaue Ferne, auf der Suche nach Landmassen wie mir und neuen Gelegenheiten.

Mit diesen Worten beende ich diese Nachricht. Ich hoffe, alles aufgeschrieben zu haben, was mir wichtig war. Draußen hat sich derweil der dunkle Nachthimmel mit lichtem Blau durchsetzt und die Luft ist klar.

Ich wünsche Ihnen unbekannterweise das Allerbeste und hoffe inständig für Sie, dass Sie mich für verrückt halten und mein Handeln nicht – oder noch nicht – verstehen können.

P.